Olga Balboa Sánchez

Impresiones B2

Lehrerhandbuch

Hueber Verlag

Impresiones B2
Lehrerhandbuch

Die Hörtexte finden Sie auch als Download im MP3-Format unter
www.hueber.de/impresiones

Der Verlag weist ausdrücklich darauf hin, dass im Text enthaltene externe Links vom Verlag nur bis zum Zeitpunkt der Buchveröffentlichung eingesehen werden konnten. Auf spätere Veränderungen hat der Verlag keinerlei Einfluss. Eine Haftung des Verlags ist daher ausgeschlossen.

Das Werk und seine Teile sind urheberrechtlich geschützt.
Jede Verwertung in anderen als den gesetzlich zugelassenen Fällen bedarf deshalb der vorherigen schriftlichen Einwilligung des Verlags.

Eingetragene Warenzeichen oder Marken sind Eigentum des jeweiligen Zeichen- bzw. Markeninhabers, auch dann, wenn diese nicht gekennzeichnet sind. Es ist jedoch zu beachten, dass weder das Vorhandensein noch das Fehlen derartiger Kennzeichnungen die Rechtslage hinsichtlich dieser gewerblichen Schutzrechte berührt.

3.	2.	1.		Die letzten Ziffern
2026	25 24	23 22		bezeichnen Zahl und Jahr des Druckes.

Alle Drucke dieser Auflage können, da unverändert,
nebeneinander benutzt werden.
1. Auflage
© 2022 Hueber Verlag GmbH & Co. KG, München, Deutschland
Umschlaggestaltung: Sieveking · Agentur für Kommunikation, München
Layout und Satz: Sieveking · Agentur für Kommunikation, München
Verlagsredaktion: Raquel Muñoz, Hueber Verlag, München
Druck und Bindung: Friedrich Pustet GmbH & Co. KG, Regensburg
Printed in Germany
ISBN 978-3-19-244545-3

Índice

Introducción

Esta guía didáctica 4
El concepto de **Impresiones** 5
Impresiones B2 – Libro del alumno 6
Impresiones B2 – Libro de ejercicios 9
Algunos principios metodológicos 10
Consejos prácticos 14

Explotación didáctica de las unidades

Unidad 1 21
Unidad 2 31
Unidad 3 43
Unidad 4 55
Panorama 1 67
Unidad 5 75
Unidad 6 87
Unidad 7 101
Unidad 8 113
Panorama 2 123
Unidad 9 129
Unidad 10 141
Unidad 11 151
Unidad 12 161
Panorama 3 170

Introducción

Esta guía didáctica

Bienvenido al mundo de **Impresiones**. Esta guía le ayudará a familiarizarse con el concepto de **Impresiones** y a descubrir cómo puede sacarle el mayor provecho al material, que ha sido creado pensando tanto en el alumno, como en el profesor.

Además de una introducción general con información sobre la estructura y componentes del manual e indicaciones de carácter metodológico, en esta guía encontrará:

- Al principio de cada unidad un resumen de los principales objetivos comunicativos y de los contenidos gramaticales y léxicos.
- Una explicación detallada de las actividades de cada unidad, así como de las unidades intermedias o *Panorama*.
- La descripción de contenidos que los alumnos aprenden y practican a lo largo de esa actividad, es decir, sus objetivos.
- En ocasiones, sugerencias para las actividades presentadas desde los siguientes aspectos:
Actividad previa: ideas para preparar a los alumnos antes de realizar la actividad en sí.
Variación: indicaciones para realizar una actividad con algún detalle distinto al propuesto en el manual.
Sugerencia: recomendaciones adicionales para lograr los objetivos propuestos.
Actividad adicional: ideas para sacar más provecho a la actividad.
Actividad alternativa: sugerencia para sustituir una actividad por otra.
Información: sobre aspectos culturales, históricos o sobre el material fotográfico que se presenta en las unidades. Esta servirá como marco para apoyar al profesor en caso de que los alumnos requieran mayor información.
Solución: de las actividades del libro del alumno.

Por supuesto, en todos los casos se trata de propuestas que lejos de querer ser impuestas, intentan despertar la creatividad de los profesores y presentar ideas que puedan ser desarrolladas posteriormente de acuerdo a las necesidades individuales de los grupos o de los alumnos.

Le deseamos horas entretenidas y clases motivadoras con **Impresiones** y esperamos que esta guía le resulte de mucha utilidad.

El concepto de Impresiones

Impresiones B2 es un libro de español comunicativo y orientado a la acción concebido para alumnos que inician el nivel B2 en distintas instituciones de la enseñanza a jóvenes y adultos como "Universidades Populares" o escuelas de idiomas.

Impresiones sigue las directrices del Marco Común Europeo de Referencia (MCER) y de su Volumen Complementario (versión original 2017, traducción al español 2021), y en la selección de objetivos, temas y recursos se orienta en los contenidos marcados en el Plan Curricular del Instituto Cervantes. Consta de cuatro tomos correspondientes a los niveles A1, A2, B1 y B2 del MCER. Cada tomo integra el libro del alumno y el libro de ejercicios, así como el material auditivo en forma de Audio-CD. Las audiciones en formato MP3 están también a su disposición en nuestra página web www.hueber.de/impresiones.

El principal objetivo de **Impresiones** es trasladar al alumno de español al mundo hispanohablante, ofrecerle muchas "impresiones distintas" y que reflexione después sobre su propia realidad. Para ello se recurre a menudo a imágenes que despiertan la curiosidad de los alumnos y los motiva a expresarse en español y a practicar lo aprendido.

La clase de español con **Impresiones** es una clase comunicativa y afectiva, en la que se persigue en todo momento la sensación de éxito del alumno, gracias a un *input* inicial moderado y centrado en lo esencial, y a la activación inmediata de lo aprendido en parejas o en grupos, con la ayuda de numerosos ejemplos y cuadros explicativos. También en este sentido, un aspecto importante del concepto de **Impresiones** es su estructura con doce unidades cortas, que permiten variar de tema rápidamente creando así una clase más motivadora y atractiva.

Otros componentes de **Impresiones** son:
Soluciones del libro del alumno y del libro de ejercicios: se pueden encontrar en nuestra página web www.hueber.de/impresiones, bajo el enlace "Unterrichten", y se pueden descargar de forma gratuita.

Impresiones online: en www.hueber.de/impresiones encontrará materiales adicionales para el profesor y para el alumno (en el enlace "Unterrichten" y en el enlace "Lernen" respectivamente).

Augmented Reality App: aplicación gratuita para móviles inteligentes para reproducir los audios pertenecientes al libro.

Aplicación Phase-6: aplicación para practicar el vocabulario del curso (*Vokabeltrainer*) en www.phase-6.de/hueber.

Impresiones Digital: versión digital interactiva del manual para tableta, ordenador portátil o *Whiteboard*. Incluye las soluciones al libro de ejercicios, así como doce test de autoevaluación correspondientes a cada una de las unidades de **Impresiones**. Además, puede acceder directamente a los audios.

Impresiones B2 – Libro del alumno

El libro del alumno cuenta con **doce** unidades. Cada cuatro unidades se incorpora además una pequeña sección en la que se retoman contenidos de las unidades precedentes. En total son **tres** unidades intermedias llamadas *Panorama*.

Cada **unidad** tiene **ocho** páginas:
- Una página de presentación o sensibilización, **portada** de la unidad
- Cinco **páginas centrales** de *input* con contenidos nuevos
- Una página de cultura y sociocultura titulada ***Tendiendo puentes***
- Una página de recursos con las estructuras de **Gramática y Comunicación** de la unidad

Portada:
En esta primera página se exponen los objetivos comunicativos de la unidad con el fin de hacer partícipe al alumno desde el principio de su propio aprendizaje. Además, se presenta el tema de la unidad a través de una actividad apoyada en un impulso visual, cuya finalidad es la de involucrar al alumno activando sus conocimientos previos, invitándolo a hacer hipótesis o poniendo a su disposición algunos recursos lingüísticos básicos para introducir el tema de la unidad. De esta manera se logra también una relación emocional del alumno con el material.

Páginas centrales:
En ellas se presentan y se trabajan de forma contextualizada los nuevos contenidos organizados en secuencias cortas, cada una de ellas por lo general con las siguientes fases: presentación – exploración o/y práctica – comunicación o interacción. Para ello se proponen diferentes dinámicas de grupo susceptibles de ser modificadas según las necesidades.

Al final de las diferentes secuencias de aprendizaje, se presenta una tarea globalizadora de los contenidos principales de la unidad: ¡Consolidamos!. A diferencia de los niveles anteriores, se ha prescindido en **Impresiones B2** del primer ¡Consolidamos!, para dar paso a tareas más complejas al final de la unidad. La forma de trabajo seguirá siendo siempre la misma: en grupos.

Tendiendo puentes:
La página *Tendiendo puentes* intenta crear vínculos en muchas direcciones, entre las distintas variedades del español o entre diferentes géneros y registros para apoyar el entendimiento multicultural. Once temas distintos con aspectos culturales, socioculturales y sociolingüísticos que reflejan la variedad y la riqueza del mundo del español. En la Unidad 12, la página *Tendiendo puentes* retoma los contenidos vistos en las once unidades precedentes mediante una actividad de preguntas y respuestas formuladas por los mismos alumnos.

En la página *Tendiendo puentes* se trabaja la competencia social e intercultural a partir de fotos y de textos, y se motiva al alumno a descubrir aspectos de otras culturas y a compararlos con la suya.

Páginas de *Gramática y Comunicación*:
Para mayor seguridad y transparencia en el proceso de aprendizaje se resumen los recursos gramaticales y comunicativos de la unidad al final de la misma y de forma esquemática, con ejemplos y en ocasiones con ilustraciones con un toque de humor. Esta página puede utilizarse como herramienta de consulta o de repaso.

Páginas de *Panorama*:
En las cuatro páginas de las que consta el *Panorama* se revisan y repasan los contenidos trabajados en las cuatro unidades precedentes, una propuesta adicional a modo de *Magazin* después de las unidades 4, 8 y 12.

Los *Panoramas* tienen la siguiente estructura por página:

- *¡A jugar!:* Juego de tablero, en grupos o en parejas, para repasar de forma lúdica aspectos comunicativos, gramaticales o léxicos de las unidades.
- *¡A leer!:* Página de lectura a partir de temas vinculados a las unidades anteriores. En ella se ejercita la comprensión lectora en distintas fases: prelectura, lectura con distintas actividades, y postlectura con una actividad de expresión escrita *(Escribimos).* Además, se incluye una *Estrategia* para mejorar y afianzar la comprensión de textos.
- *¡A escuchar!:* Página en la que se practica la comprensión oral de forma afectiva y estratégica, con actividades de preaudición, audición en distintas fases y postaudición, en la que se trabaja la interacción oral *(Hablamos).* La finalidad es que el alumno disfrute escuchando y consiga entender cada vez más.
- *¡A colaborar!:* Tarea o proyecto colaborativo con un producto final. Se realiza en grupos y se compone de varias actividades que hacen posible la realización de un producto o texto final inspirado en la vida real. En el *Panorama 1* los alumnos elaboran una guía para conversar con éxito en español en grupos grandes. En el *Panorama 2* tienen que hacer una encuesta sobre las tareas domésticas para conocer la implicación de los compañeros en las labores del hogar. En el *Panorama 3* deciden en grupos qué temas de las unidades 9 a 12 les han parecido más interesantes para diseñar una infografía, presentarla y comentarla en clase.

Símbolos y pictogramas utilizados:

 Icono para señalar el número de pista o audición

 Ejercicio recomendado en el libro de ejercicios

 Icono que indica que se trata de una actividad "en movimiento": los alumnos tienen que moverse por el aula y comunicarse con sus compañeros

Cuadros en los márgenes:

En las unidades de **Impresiones** aparecen distintos tipos de explicaciones en el margen de las actividades:

- *Cuadros con recursos lingüísticos:* Cuadros con marco amarillo para las estructuras comunicativas, el vocabulario o las estructuras gramaticales necesarias para realizar una actividad.

- *Información*: Cuadros con indicaciones informativas lingüísticas o de tipo sociocultural.
- *Estrategia*: Sugerencias para "aprender a aprender" o mejorar los resultados en las distintas destrezas.
- *¿Se acuerda?*: Cuadros que hacen referencia a estructuras y contenidos que se han visto en el A2 o en el B1. Estas estructuras y contenidos se retoman y se amplían en la actividad donde están los cuadros *¿Se acuerda?*.
- *Expresiones idiomáticas:* Una novedad de **Impresiones B2** son los cuadros con expresiones hechas de tipo figurado frecuentes en distintos ámbitos: el mundo del trabajo, los sentimientos o las quejas y reclamaciones.

Impresiones B2 — Libro de ejercicios

Las actividades del libro de ejercicios (págs. 117–176) están pensadas principalmente para el trabajo individual en casa, pero también dependiendo de las necesidades del grupo, puede optarse por trabajar una parte de ellas en clase. Las actividades se presentan en el mismo orden que la secuenciación de contenidos en el libro del alumno para así facilitar la orientación.

El libro de ejercicios contiene ejercicios para practicar y fijar la gramática, el vocabulario y las expresiones comunicativas de la unidad, pero también para la ejercitación de la expresión y comprensión escritas, y la comprensión oral. Al final de la unidad se cuenta con cuatro secciones fijas:

- *Mis palabras:* Actividad en la que se trabaja vocabulario de la unidad de manera estratégica para ayudar al alumno a memorizarlo.
- *Sonidos del español:* Práctica de la pronunciación, entonación y ortografía de la lengua española.
- *Mis avances en la lengua:* Para hacer visible el progreso en el aprendizaje se utiliza la idea de los descriptores del Portfolio Europeo de Lenguas, que invitan al alumno a la reflexión y la autoevaluación, repercutiendo positivamente en la motivación para aprender.
- *Mi carpeta de textos:* Se proponen temas para la creación de textos escritos que el alumno puede coleccionar para documentar e ilustrar su proceso de aprendizaje. Es una idea basada en el Dossier de Portfolio Europeo de Lenguas, el cual constituye una evaluación alternativa del aprendizaje.

Anexo:

Al final del libro, en el anexo, encontrará los siguientes apartados:

- *Actividades en parejas* (págs. 177–178): dos páginas complementarias a ejercicios que aparecieron en las unidades 3, 9, 11 y Panorama 3.
- Un apéndice gramatical (*Gramática*, págs. 179–203) con explicaciones adicionales ordenado por temas.
- Transcripciones (págs. 204–223) de los textos auditivos del libro de clase y del libro de ejercicios.
- Una lista de vocabulario ordenada por unidades (págs. 224–241) y otra por orden alfabético (págs. 242–253).

Algunos principios metodológicos

Enfoque comunicativo y poscomunicativo:
Impresiones es un manual comunicativo y orientado a la acción que considera la comunicación como finalidad básica del aprendizaje de un idioma, y al usuario y alumno agente social que utiliza la lengua para hacer algo en una situación determinada. En este sentido, el punto de partida de las unidades es siempre un contexto comunicativo posible y una necesidad de expresarse; es decir, en **Impresiones** se va del significado a la forma. **Impresiones** es también un manual que integra las aportaciones que se han ido generando en las últimas décadas en el campo de la didáctica. En ese aspecto, **Impresiones** es un manual de carácter poscomunicativo, que practica distintos enfoques que considera adecuados tanto para el profesor como para el alumno de español a los que va dirigido. No impone su enfoque a los profesores y alumnos, sino que se adapta a sus necesidades. Por ejemplo, en **Impresiones** hay elementos del enfoque por tareas (*¡Consolidamos!*), diversas formas o metodologías de acercarse a la gramática, aspectos del aprendizaje cooperativo (*¡Consolidamos!* y *¡A colaborar!*) o elementos del enfoque léxico (trabajo con estructuras léxicas complejas).

La variable afectiva:
Como señala el MCER, el alumno trae a la clase de idiomas toda una competencia existencial, un bagaje cultural y personal, que le influye a la hora de aprender. Son factores individuales relacionados con sus creencias, su estilo cognitivo o su personalidad. Hay personas extrovertidas, seguras, pero también otras introvertidas o inseguras. Sobre todo en la situación de aprendizaje de una nueva lengua, el

aprendiente adulto se expone a los demás, comete errores, puede sentir vergüenza o ansiedad. En **Impresiones** se fomenta el aprendizaje positivo y afectivo de la lengua mediante:

- Actividades factibles y adecuadas para el nivel del alumno.
- Un *input* nuevo moderado y de una dificultad no excesivamente superior a su nivel.
- Formas grupales distintas en las que el alumno se encuentre cómodo y pierda la inhibición (en parejas o en grupos).
- Ejemplos y explicaciones claras y visibles en el momento en el que las necesite el alumno, por ejemplo, para preparar y apoyar la interacción oral.

Implicación y motivación:
Desde hace unos años distintas investigaciones en el campo de la neuroeducación han demostrado que una persona que disfruta con lo que aprende, aprende más y mejor. Y un alumno motivado, es un alumno implicado. **Impresiones** implica y motiva a los alumnos:

- Contextualizando las actividades para darles un sentido comunicativo (ya sea en la vida real o en el aula), por ejemplo, con actividades en movimiento en las que los alumnos buscan información de forma natural entre sus compañeros.
- Apelando a la curiosidad, por ejemplo, dejando que los alumnos hagan hipótesis a partir de fotos o sonidos, que creen historias, o recurriendo a asociaciones o imágenes mentales.
- Personalizando las tareas de interacción oral o escrita, haciendo que hablen de sí mismos o de su realidad, que es lo que conocen mejor.
- Haciéndoles reflexionar sobre lo aprendido de forma positiva y agradable en el apartado del libro de ejercicios *Mis avances en la lengua*.

Actividades de mediación:
En la revisión y actualización del MCER que supone el Volumen Complementario (2017, traducido al español en 2021), la mediación como actividad lingüística cobra enorme importancia en el proceso de aprendizaje. En la mediación, el hablante, agente social, actúa contribuyendo a la comunicación, facilitando el entendimiento y creando vínculos de distinto orden: entre textos o variantes distintas de la misma lengua, entre aprendientes, pero también entre aprendientes-docentes, etc.
En **Impresiones B2** se presentan dinámicas distintas y variadas para mediar textos o conceptos en clase de forma estratégica.

Las actividades de mediación favorecen el aprendizaje porque:

- Son auténticas. Parten de una necesidad de comunicar y de negociar.
- Integran distintas actividades comunicativas en una misma secuencia: comprensión lectora/oral, interacción oral/escrita, algo que sucede también en la vida real.
- Son colaborativas porque los alumnos aprenden unos de otros.
- Ahorran tiempo porque se reparten entre varios alumnos los textos de entrada y las tareas.
- Favorecen los factores afectivos: los alumnos se ayudan entre sí y se crea pertenencia al grupo.

La competencia crítica:
Aunque la lectura "crítica" de un texto o de cualquier material que ofrezcamos en clase es muy importante en todos los niveles, cuando el aprendiente es más autónomo, por ejemplo, en el nivel B2, ser crítico con la información recibida favorece la interacción y el intercambio de opiniones. Un usuario, lector o aprendiente crítico no acepta automáticamente lo que lee o escucha, sino que se pregunta quién es el autor y a quién se dirige el texto, indaga y se plantea la intención e incluso la ideología que se esconde detrás. Apoyar la competencia crítica en clase, por ejemplo, animando a los aprendientes a dudar del contenido de un texto con preguntas concretas o proponiéndoles contrastar la información con sus conocimientos previos sobre el tema, fomenta enormemente la interacción en clase de forma auténtica y espontánea.

El enfoque lúdico:
Al igual que en los otros tomos, también en **Impresiones B2** se recurre al componente lúdico para practicar contenidos de forma desenfadada. Además, está demostrado que el factor sorpresa y emocional de cualquier juego apoya sumamente la fijación de contenidos en el cerebro a largo plazo. De hecho, la situación del "juego" tiene muchos aspectos comunes con la situación del "aprendizaje de una segunda lengua", tal y como se concibe en **Impresiones**:

- Tanto en el juego como en el aprendizaje de una lengua, el usuario/aprendiente tiene que actuar o comunicar para conseguir sus objetivos.
- El usuario se implica en la resolución de problemas, aprende resolviendo situaciones.

- En el juego y en el aprendizaje se crea un ambiente o espacio reservado al aula, un espacio que nos permite hacer simulaciones, intentos distintos, tomar notas o prepararnos. Es un espacio protegido, en el que no va a pasar nada si no entendemos todo o no conseguimos hacer la tarea a la perfección. También las correcciones o el tratamiento del error quedan reservadas a ese espacio circunscrito al aula.

Cultura:
El tratamiento de la cultura se hace desde su triple perspectiva de cultura como información, sociocultura e intercultura. A través de la presentación de las diferentes realidades de la cultura hispana, y tomando como base imágenes y textos propios del mundo hispano se pretende desarrollar la competencia sociocultural e intercultural en el alumno, a quien se le hace reflexionar sobre su propia realidad y contrastar con su propia cultura.

Gramática y comunicación:
En **Impresiones** se emplean diversas metodologías para introducir contenidos nuevos. En numerosas ocasiones, la aproximación es de carácter inductivo, por lo que el alumno parte de la observación y el análisis de un fenómeno gramatical o comunicativo para llegar a formular una regla que lo explique (por ejemplo, en los cuadros titulados *Mi Gramática*). Esta forma de aprendizaje permite que sea el alumno mismo quien descubra las reglas, lo invita a experimentar con la lengua y lo implica en su aprendizaje. Asimismo, **Impresiones** cuenta con actividades desarrolladas bajo el manto del aprendizaje cognitivo, evitando justificaciones meramente gramaticales y tomando en cuenta las variaciones de significado en diversos contextos y la intención comunicativa de los hablantes. El enfoque en el tratamiento de los recursos gramaticales y comunicativos está basado, por tanto, en el uso de la lengua.

En la última página de cada unidad se presenta un resumen de la gramática y estructuras comunicativas trabajadas en la misma. Es recomendable motivar a los alumnos a que la lean con detenimiento, ya sea como tarea para casa o en clase. En este último caso se puede leer en parejas reflexionando si se comprende todo el material presentado, ayudándose mutuamente en caso contrario. Una puesta en común en pleno después de unos minutos permite al profesor aclarar posibles dudas o incluso retomar temas que así lo requieran.

INTRODUCCIÓN

Consejos prácticos

La comprensión oral:
En **Impresiones** se presentan textos didactizados para cumplir los objetivos planteados en las actividades, por lo que se ha puesto especial énfasis en que el contenido y la velocidad de habla sean los adecuados para el nivel, pero intentando mantener un equilibrio entre naturalidad y didactización. Es importante que los alumnos sepan que no se espera que entiendan todo, si no que puedan resolver la tarea con éxito. Asimismo, es aconsejable planificar bien las actividades de comprensión oral en clase. Algunas pautas que le pueden ayudar son:

- Prepare a los alumnos antes de la audición, p. ej. repasando previamente el léxico o las estructuras necesarias en forma de lluvia de ideas, o comentando los elementos gráficos o las fotos que en algunos casos acompañan a la actividad. Otra posibilidad es que sus alumnos hablen de un tema concreto antes de pasar a la escucha del audio relacionado.
- Explique a los alumnos la importancia de escuchar los textos con atención y tranquilamente, sin presión. Escuchar un mismo texto auditivo repetidas veces es una herramienta muy útil en el entrenamiento de la comprensión oral, ya que con cada audición se entiende un poco más. Además, ayuda a familiarizarse con la melodía propia de la lengua en cuestión.
- En algunos casos, las fotos que acompañan a la actividad pueden ayudar a la comprensión. Coméntelas antes de la audición con los alumnos. Deje que escuchen una o dos veces los audios para obtener información sobre el contexto antes de resolver los ejercicios. Pídales que se fijen en las personas que hablan (cuántas son, dónde están, cuál es el tema general del que hablan...), en los ruidos de fondo, en el tono de voz...
- En una segunda o tercera audición es importante que se concentren sobre todo en la información que se les pide en el ejercicio y que no se preocupen si no entienden el resto.
- También puede ayudar a aquellos grupos que tienen problemas con la comprensión de estos textos ofrecerles que trabajen en parejas y que completen juntos los resultados antes de la comprobación en el pleno.
- Recuérdeles a los alumnos que lo primordial no es solamente responder correctamente, sino irse familiarizando con la lengua, para lo cual necesitan tener contacto con la misma.
- Anime a los alumnos a escuchar las audiciones otra vez en casa.

La comprensión lectora:
En **Impresiones** les ofrecemos una variada tipología textual basada en los contenidos que estipula el Plan Curricular del Instituto Cervantes. La aproximación al texto se hace de forma pautada y empleando procedimientos de lectura estratégica. En las páginas de *Tendiendo puentes* se transmiten contenidos socioculturales a través de textos escritos con tareas de comprensión lectora distintas.

En **Impresiones B2** se ha hecho especial hincapié en la lectura de tipo colaborativo en parejas, en la que cada miembro lee un texto o una parte de un texto mayor y comparte lo que ha leído con el compañero, haciendo un resumen o explicando con sus propias palabras el contenido. También se propone en ocasiones la lectura en voz alta para un compañero como forma de transmitir la información leída y crear lazos afectivos.

En general, motive a los alumnos a leer sin buscar las palabras que no conocen en el diccionario, o sea, intentando descubrir su significado a través del contexto, y a leer el texto completo antes de empezar a pensar en las palabras que no entienden. Después de una o dos lecturas, algunas palabras se aclaran por sí mismas. También es conveniente indicarles a los alumnos el objetivo que se persigue antes de la lectura de un texto, sugiriéndoles, por ejemplo, que lean primero lo que tienen que hacer con ese texto en cuestión, las preguntas que tendrán que contestar, antes de empezar con su lectura.

Haga conscientes a los alumnos de que los conocimientos de otras lenguas, las similitudes con la lengua materna o el conocimiento universal son herramientas muy útiles a la hora de comprender los textos.

La expresión e interacción orales:
A lo largo del libro **Impresiones** se presentan actividades para fomentar la producción de lengua oral de las maneras más diversas, a través de diferentes *inputs*, con temas variados y en formas grupales (parejas, grupos, en pleno). En las páginas de *Panorama* se introducen actividades de interacción oral a partir del *input* auditivo.

La producción escrita:
En **Impresiones B2** la expresión e interacción escrita ocupa un lugar importante, animando a los alumnos a que elaboren distintos tipos de textos: expositivos e informativos, biográficos o de escritura creativa o literaria. A continuación encontrará algunas pautas para facilitar el trabajo en clase:

INTRODUCCIÓN

Escritura de textos expositivos o informativos, también colaborativos:
1. Reunir ideas y planificar detalladamente los temas y subtemas importantes, por ejemplo, respondiendo a las preguntas clave: qué, quién, dónde, cuándo etc., a partir de una lluvia de ideas o bien recogiendo información previa.
2. Estructurar las ideas de forma lógica.
3. Textualizar, es decir, formularlas en frases relacionadas entre sí por medio de conectores de causa, consecuencia, concesión, condición, tiempo etc.
4. Decidir el destinatario y objetivo del texto, y adaptar el registro. Por ejemplo, si se va a realizar una presentación en clase, pensar en una introducción y cierre adecuados.
5. Leer el texto y corregir posibles errores. Observar si la ortografía y la puntuación son correctas.

Escritura de relatos breves o microrrelatos:
1. Buscar inspiración, por ejemplo, mediante fotos o vídeos que harán de "disparadores" de la imaginación. Se puede partir de una foto y anotar todo lo que nos sugiere de forma espontánea y desordenada.
2. Responder a las preguntas clave, por ejemplo:
   ¿Quién/es aparece/en en la foto?
   ¿Dónde está/n?
   ¿Qué ha pasado antes?
   ¿Qué pasará después?
   ¿Qué queremos comunicar o alcanzar con nuestra historia?
3. Imaginar la historia planteándose un inicio, un nudo o parte central y un desenlace. En el caso del microrrelato, las frases serán breves y compactas. Dirán mucho con pocas palabras.
4. Buscar un título. También se puede hacer al final.
5. Decidirse por una voz narrativa (yo, él, ella, nosotros...).
6. Textualizar, es decir, formular en frases las distintas acciones o momentos de la historia. Unirlas mediante los conectores adecuados.
7. Leer el texto, revisarlo y corregirlo.

Escritura de poemas:
En **Impresiones B2**, página 42, se les propone a los alumnos escribir un poema en grupos tomando como base la poesía de José Agustín Goytisolo *Palabras para Julia*, siguiendo los pasos siguientes:
1. Lectura del poema y análisis del significado de cada estrofa.
2. Elección de un tema y de cuatro versos significativos o "bonitos".

3. Adaptación de los versos y creación del poema final, que se comparte con el otro grupo.

Otra forma muy sencilla de escribir poemas en clase de ELE sin tener un modelo de base, como en el caso anterior, es diseñar un poema de siete versos libres mediante la técnica del "diamante":

1. Se escribe el nombre de una persona o de una cosa. También puede ser un tema.
2. Se escriben dos adjetivos que describan al nombre del primer verso.
3. Se escriben tres verbos relacionados con el primer verso.
4. Se escriben cuatro nombres: dos relacionados con el primer verso, dos con el séptimo.
4. Se escriben tres verbos relacionados con el séptimo verso.
5. Se escriben dos adjetivos que describen el séptimo verso.
6. Un nombre o tema opuesto o que contrasta con el del primer verso.

Mis amigos
alegres, divertidos
cantan, hablan, gritan.
Infancia, adolescencia, madurez, vejez.
Compartir, viajar, vivir.
Pasados, presentes.
Mi vida.

La corrección:
Durante las fases de producción, ya sea oral o escrita, la corrección por parte del profesor no es necesariamente la mejor manera de contribuir al aprendizaje y debe ser realizada oportunamente. Las fases de producción libre, como los debates, los ejercicios complementarios, o algunos ¡Consolidamos! o ¡A colaborar!, en las que se negocia con y sobre la lengua, y enfocadas al contenido y no a la forma, deben ser fases libres de corrección. En ellas, lo importante es que la comunicación fluya. La corrección interrumpe la comunicación e inhibe a los alumnos. Puede tomar notas discretamente y exponer al final de la puesta en común tanto errores como estructuras acertadas dignas de mencionarse en pleno. Evite también la corrección por parte de otros alumnos explicando que usted corregirá cuando sea oportuno. En las fases de producción guiada, enfocadas en la forma, en las que se practican estructuras de manera sistematizada, la corrección debe ser clara y puntual, con apoyo visual en la pizarra, de ser necesario.

INTRODUCCIÓN

La corrección mutua:
El tipo de corrección de errores mutua entre los alumnos que se propone en alguna actividad de **Impresiones B2** se basa en una revisión de textos de tipo didáctico, que concibe la corrección como parte del proceso de aprendizaje, y en la que el error no es un "horror", sino una señal del desarrollo en el que se encuentra el aprendiente en la lengua meta en un momento dado. Es muy importante que comunique a sus alumnos esta forma de considerar los errores y fomente en clase un ambiente afectivo, evitando poner en evidencia a las personas o frustrarlas con la corrección. Por ejemplo, propóngales que marquen las palabras, expresiones o frases de los textos de sus compañeros que no les "suenan del todo bien", en color verde. Una vez recibidos los textos, los alumnos que los escribieron reflexionarán sobre los elementos marcados y los corregirán. Además, el trabajo en parejas beneficia el aprendizaje, ya que hay más intercambio de dudas y de soluciones, y en diálogo con el compañero se aplican estrategias de resolución de problemas muy eficaces.

Formas grupales:
En **Impresiones** muchas de las actividades han sido diseñadas con la intención de fomentar el trabajo cooperativo y la interacción en clase a través de agrupaciones de trabajo en parejas o en grupos y las actividades en movimiento. En el manual siempre le damos sugerencias en cuanto a la agrupación de trabajo, pero, por supuesto, puede variarla dependiendo de las condiciones de clase.

El trabajo en formas grupales diferentes contribuye a la diversidad en los métodos, acerca a los alumnos mejorando la atmósfera en el aula, fomenta la cooperación entre alumnos y cohesiona al grupo. Acostumbre desde el principio a los alumnos a trabajar en parejas o en grupos. Hágales ver que es la mejor forma de trabajar la interacción en clase y de experimentar con la lengua. Forme parejas o grupos pequeños al azar para incrementar la interacción. Por ejemplo, con tarjetas de colores, tarjetas con dibujos cortadas en dos, tarjetas postales cortadas en cuatro, cuentas de colores, etc.

En algunas actividades de **Impresiones B2** se requiere la ayuda de un moderador o portavoz de un grupo. Normalmente, siempre hay algún alumno voluntario que se ofrece. De no ser así, aquí tiene algunas ideas para elegir un moderador o portavoz al azar:

- "El más...": Pregunte en la clase, p. ej. quién es el más joven (o el de más edad), quién ha llegado más temprano a la clase de hoy, quién es el más alto de la clase, etc.
- "El número de la suerte". Piense en un número a partir del número total de alumnos y pida a cada uno que diga un número. Quien acierte el número que había pensado usted, será el moderador.
- "La palabra de la suerte". Pídales que piensen en una palabra muy larga del español. El que diga la palabra más larga, será el moderador.
- "La oveja negra". Meta en una bolsa o caja que no pueda verse desde el exterior cuentas de colores o caramelos, una cuenta o un caramelo por alumno. Todas las cuentas o los caramelos son iguales menos una/-o, "la oveja negra". Pídales que cada uno saque un objeto. El que saca "la oveja negra", o sea, el único que es distinto de los demás, será el moderador.

El papel del profesor:
La labor del docente se concentra en preparar y moderar situaciones en las que se dé el aprendizaje, llevando a los alumnos a ser responsables de su propio proceso. En esta tarea de apoyo a los alumnos, la observación y la escucha es una estrategia fundamental del profesor. Cuando escuchamos a nuestros alumnos lo hacemos de formas diferentes según el tipo de actividad que se esté realizando en ese momento en el aula. Por ejemplo, a veces escuchamos como lo haríamos en una conversación normal y real, es decir, participando, interrumpiendo y colaborando en la comunicación. Este tipo de escucha recibe el nombre de "escucha en conversación". En esta situación, somos uno más del grupo y no deberíamos atender a la forma de la producción ni corregir. Por el contrario, en otros casos realizamos una escucha de tipo "analítica", por ejemplo cuando se practica un fenómeno que acabamos de explicar y estamos atentos a la forma de expresarse de los aprendientes. En este tipo de escucha podemos corregir inmediatamente, o bien tomar notas de los errores y dar un *feedback* individual o general después. También existe la llamada "escucha de apoyo", cuando un estudiante nos cuenta algo personal y escuchamos con atención, pero más como persona que como profesor. Y por último, en algunas actividades de tipo afectivo, o bien, cuando los alumnos estén participando en un debate, es conveniente practicar un tipo de escucha "en segundo plano", es decir, una escucha atenta por nuestra parte, en la que demostramos interés, pero dejando libres a los estudiantes. Si observamos errores repetidos, podemos tomar notas y presentarlas al final, de forma general en forma de consejos prácticos para todos.

El aprendizaje del léxico:
El léxico presentado en **Impresiones B2** se basa en el Plan Curricular del Instituto Cervantes. Cada unidad recoge uno o varios campos léxicos, de modo que el vocabulario está siempre contextualizado. La selección de palabras se ha realizado pensando en el nivel B2 y en la rentabilidad de los términos elegidos. Además, para facilitar el aprendizaje del léxico aparece al final de cada unidad de la parte del libro de ejercicios la sección *Mis palabras* con el fin de destacar y ejercitar las palabras importantes.
Algunos consejos para aprender y memorizar el vocabulario:

- Crear campos léxicos o asociativos con palabras relacionadas con un tema.
- Establecer distintas categorías entre las palabras: sinónimos, antónimos, familias de palabras o derivados.
- Aprender unidades léxicas complejas o colocaciones frecuentes.

Para memorizar palabras nuevas del mismo campo léxico, por ejemplo, el de las partes del cuerpo, puede sugerir a los alumnos que utilicen las siguientes técnicas:

- Leer las palabras en voz alta varias veces. Leerlas con distintas melodías y de diferentes formas, p. ej. muy rápido, muy despacio, en coro, cada uno una palabra.
- Relacionar las palabras con su imagen o con la parte del cuerpo correspondiente. Por ejemplo, visualizar un cuerpo humano y decir las partes del cuerpo recorriéndolo de arriba para abajo y de abajo para arriba.
- Agrupar las palabras que comparten alguna característica fonética común, por ejemplo, primero decir todas las palabras que empiezan por "c": cabeza, cintura, codo, cuello. Luego, las que empiezan por "p": pierna, pie, etc.
- Jugar con las palabras. En parejas. Un alumno dice en voz alta el nombre de una parte del cuerpo pero con las sílabas desordenadas. El compañero adivina de qué palabra se trata: bi-llo-to → tobillo.

Así hablamos, así somos 1

> **Comunicación:** describir el carácter y el estado de ánimo, expresar cambios de personalidad o de estado, hablar de acciones pasadas, contar una anécdota
> **Gramática y léxico:** adjetivos con *ser* y *estar*, verbos de cambio *volverse, ponerse, quedarse, convertirse en*, repaso del uso de los tiempos del pasado (pretérito perfecto, indefinido, imperfecto y pluscuamperfecto), adjetivos de carácter y estado de ánimo, palabras y expresiones para conversar sobre anécdotas y sobre los idiomas

1 ¡En español!

Objetivos:
reactivar vocabulario sobre acciones que realizamos en español – ejercitar la interacción oral – conocerse y cohesionar al nuevo grupo

Sugerencia: Esta es la primera clase de un nuevo nivel. Posiblemente contará con alumnos conocidos y con otros nuevos. Dé la bienvenida al grupo y preséntese diciendo su nombre y de dónde es usted. Sugiera a sus alumnos que busquen el lugar de dónde es usted en los mapas de las cubiertas del libro o muéstreselo usted directamente. También puede llevar fotos o proyectar imágenes. A continuación, proponga a sus alumnos que se presenten de la misma manera en grupos o en el pleno. El objetivo de esta primera secuencia es crear un ambiente agradable y que los alumnos se conozcan mejor.

Actividad previa: Lea el título y los objetivos de la unidad, haciendo hincapié en lo que los alumnos serán capaces de hacer en español al final de esta lección. Para motivarlos y orientarlos en la unidad, dígales que cada secuencia está diseñada como un paso más en el logro de esos objetivos.

1a. Forme parejas. Lea la instrucción y dirija la atención de sus alumnos a las cuatro fotos. En ellas aparecen unas personas que son capaces de comunicarse con otros en español en distintas situaciones. Pídales que las relacionen con las expresiones de las cajitas. Antes de empezar, lea la muestra de lengua o deje que la lea una pareja en voz alta. Después resuelva la actividad en el pleno.

Solución posible: *1. Michael: Michael es capaz de charlar en español con alguien. En la foto se ve que está contando algo a unas chicas. Quizás también es capaz de contar y entender un chiste o una anécdota divertida porque las chicas se están riendo.; 2. Elke y Klaus: Son capaces de quejarse en un hotel.; 3. Julia: Es capaz de ir al médico y explicarle lo que le pasa.; 4. Akira: Es capaz de cantar en español.*

1b. Forme grupos de tres o cuatro personas, o bien junte a dos parejas. Pídales que realicen la actividad tal y como aparece en la instrucción del libro. Anímelos a que interactúen, explicando cómo se desenvolvieron y se sintieron. Sugiérales que previamente lean la muestra de lengua para que esté claro lo que se espera. Pase por los grupos, escuche en segundo plano e intervenga solo en caso de dudas. La finalidad primordial de este tipo de actividades en las que tiene lugar un intercambio de experiencias es conseguir un ambiente agradable en clase, cohesionar al grupo y que se conozcan entre sí. Por eso, no le dé demasiada importancia a los errores que cometan sus alumnos, a no ser que se repitan o se hayan fosilizado. En ese caso, es conveniente tomar nota y luego comentarlo en el pleno con los alumnos.
Solución: *abierta*

Sugerencia: Sobre el **papel del profesor** en los distintos tipos de actividades consulte la página 19 de esta Guía.

Actividad adicional: Después de la actividad **1b** puede hacer una puesta en común planteando en el pleno las siguientes preguntas: *¿Qué otras situaciones han vivido en español?, ¿quién ha tenido que comunicar en más situaciones distintas?, ¿qué hacen si todavía no se manejan bien en una situación concreta?*
Solución: *abierta*

2 Experiencias en el extranjero

Objetivos:
describir el carácter y el estado de ánimo de una persona – introducir y practicar el uso y las diferencias de matiz de algunos adjetivos con *ser* y *estar* – ejercitar la comprensión y la interacción oral de forma lúdica

2a. Explique que van a escuchar a unos amigos hablar sobre sus experiencias en el extranjero durante las vacaciones. Remítalos a la actividad **1a** de la página anterior antes de hacer la primera escucha y deles unos minutos para que vuelvan a leer las cajitas de la actividad **1a**. Después, pídales que escuchen y tomen nota de las actividades de **1a** que se mencionan en la conversación. Por último, indíqueles que comparen con un compañero antes de resolver la actividad en el pleno.
Solución: *Mario: quejarse en un hotel; Amelia: hablar con la familia de su pareja; Toni: participar en una conversación con varias personas*

2b. Indique que en esta segunda escucha deben fijarse en la diferencia entre el carácter de Mario y de Amelia "normalmente" (*¿cómo son?*) y en cómo reaccionan/reaccionaron o se sienten/sintieron en distintas situaciones concretas (*¿cómo están/estaban?*). Para ello, pídales que

ASÍ HABLAMOS, ASÍ SOMOS

1

escuchen y completen la tabla. Después, resuelva el ejercicio en pleno con las aportaciones de sus alumnos. A continuación, dirija su atención al cuadro del margen *Cualidades con ser y estar*. En él se presenta la diferencia de matiz de un mismo adjetivo según se use con *ser* o con *estar*: *es simpática* (carácter) / *está simpática* (estado de ánimo momentáneo). Para visualizar las soluciones, escriba en la pizarra la tabla de la actividad y complétela con las aportaciones de los alumnos.
Solución:

	Normalmente (no) es...,	pero en esa situación (no) está/estaba...
Mario	nada nervioso, es la tranquilidad personificada	nervioso
Amelia	simpatiquísima	no había estado precisamente muy simpática

2c. Forme parejas y explíqueles que van a aplicar lo aprendido de forma lúdica. El objetivo de la actividad es que hagan hipótesis sobre el carácter o el estado de ánimo de su compañero utilizando los verbos *ser* o *estar* y los adjetivos de las cajitas. Tómese el tiempo suficiente para explicar la actividad: cada pareja necesitará una moneda y cada miembro de la pareja formará frases con *ser* o *estar* según el resultado de la moneda. Si sale cara, describirá o hará hipótesis sobre el carácter del compañero con el verbo *ser*. El compañero reaccionará expresando acuerdo o desacuerdo. Si sale cruz, hará hipótesis sobre el estado de ánimo actual del compañero con el verbo *estar*. Lea, además, el ejemplo en voz alta o pida a dos alumnos que lo lean. Indíqueles que todos los adjetivos pueden combinarse con ambos verbos, *ser* y *estar*.
Solución: *abierta*

3 Mi otra personalidad

Objetivos:
expresar cambios de personalidad o de estado – presentar y practicar los verbos que expresan cambio *volverse, ponerse, quedarse, convertirse* – ejercitar la comprensión lectora – mediar o transmitir información

3a. Pida a sus alumnos que lean individualmente la introducción de un artículo sobre el tema "Cambio de idioma, cambio de personalidad", y que subrayen las ideas principales. Después haga una puesta en común en el pleno y anímelos a que opinen sobre las ideas del artículo de forma crítica diciendo si están de acuerdo o no.

1   ASÍ HABLAMOS, ASÍ SOMOS

Sugerencia: Sobre la **competencia crítica** consulte la página 12 de esta Guía.

Solución posible: *Saber otro idioma es como poseer una segunda alma.;
... nuestro comportamiento depende del idioma en el que hablamos...;
... las personas biculturales y bilingües pueden modificar inconscientemente su personalidad cuando cambian de idioma.*

Actividad adicional: Pídales que contesten a las preguntas que se plantean en el artículo y propicie el intercambio entre ellos. Si se trata de un grupo numeroso, divida la clase en grupos antes de empezar el intercambio de opiniones: *¿Se siente distinto cuando habla en otro idioma? ¿Es más abierto y alegre cuando se expresa en español que cuando lo hace en otras lenguas? ¿Qué opina de la afirmación de Carlomagno «Saber otro idioma es como poseer una segunda alma»?*

3b. Forme parejas y explique que en la página siguiente encontrarán la continuación del artículo. Dígales que elijan cada uno una de las historias, la de Marco Simone o la de Sonia Ivanov, y que la lean en silencio. Una vez terminada la lectura, pídales que cada uno resuma el contenido a su compañero en unas frases. De esta forma, realizarán un trabajo estratégico muy útil para la comprensión lectora y, asimismo, colaborarán con el compañero transmitiéndole o mediando información. Durante la actividad, déjeles trabajar solos y no intervenga.

Sugerencia: Sobre la **mediación** consulte la página 11 de esta Guía.

Solución posible: *Marco es italiano, pero ahora vive en Londres. En el artículo compara cómo era él en Italia y cómo es en Londres. Opina que ha cambiado y que es una persona distinta. En Italia era una persona cerrada, en Londres es bastante abierto.; Sonia es rusa y ahora vive en Valencia. Cuando vivía en Rusia era una chica tímida, siempre estaba intranquila. Desde que vive en España es más abierta.*

3c. Indique a sus alumnos que lean los textos de **3b** y que completen la tabla. En ella se presentan los cambios que experimentan o han experimentado Marco y Sonia. Pueden seguir trabajando en parejas si así lo desean. Después resuelva la actividad con las aportaciones de sus alumnos.

Solución: 1. <u>Marco</u>: era **un chico bastante cerrado**; estaba **nervioso**; pero en las de Inglaterra se vuelve **más simpático y hablador**; no se pone **nervioso**; y no se queda **bloqueado**.; 2. <u>Sonia</u>: era **una chica muy tímida e insegura**; estaba **intranquila**; en España se ha vuelto **más abierta**; se ha convertido en **otra persona**; Ya no se **pone roja como un tomate**; ni se queda **callada**

3d. Fomente la reflexión a partir de los ejemplos de **3c** extraídos del texto sobre el uso de los verbos de cambio en español y pídales que completen el esquema de *Mi gramática* con los verbos *convertirse en, volverse, ponerse* y *quedarse*.

ASÍ HABLAMOS, ASÍ SOMOS

Solución: ***volverse*** + adjetivo: *Cambio completo de carácter o personalidad*.; ***convertirse en*** + sustantivo: *Cambio completo de cualidad o naturaleza*.; ***ponerse*** + adjetivo: *Cambio transitorio de estado o de aspecto*.; ***quedarse*** + adjetivo/participio: *Cambio como resultado de algo. A veces con valor de "pérdida"*

Actividad adicional: El tema de los verbos de cambio puede resultar difícil para sus alumnos. Mientras que en otros idiomas existen verbos que expresan cambios (p. ej. *werden* en alemán o *diventare/divenire/rimanere* en italiano), en español no se suelen utilizar verbos específicos. Reflexione con sus alumnos sobre los significados y los usos que ya conocen de los verbos *volver(se)*, *poner(se)* y *quedar(se)*. Para ello haga una lluvia de ideas en la pizarra con ejemplos que le digan sus alumnos. Intente buscar con ellos un paralelismo entre todos estos usos y los significados como verbos de cambio. Por ejemplo, para la idea que expresa *volverse* como verbo de cambio, recurra a la imagen de la expresión *dar la vuelta a algo* (p. ej. a la "tortilla" en la sartén), "girarla del todo" o cambiar del todo su posición. El verbo de cambio *ponerse* + adjetivo está relacionado con la expresión *ponerse ropa* o *ponerse algo encima* (es decir, algo que también se puede quitar, algo "transitorio"). *Quedarse* lo relacionarán con *quedarse en casa*, con no hacer nada, es decir algo "pasivo". La exposición a muchas muestras de lengua y la reflexión en grupo contribuirá enormemente a la comprensión de este fenómeno.

4 ¡Cómo cambiamos!

Objetivos:
reflexionar sobre el uso de los verbos de cambio – hablar sobre situaciones de la vida cotidiana en las que experimentamos cambios

4a. Forme nuevas parejas y pida a los alumnos que completen las frases indicando las razones posibles que han producido el cambio. Lea previamente las frases en voz alta.
Solución posible: *1. ... su compañero de piso se ha ido a vivir a otro lugar.; 2. ... no ha encontrado su monedero para pagar en la caja del supermercado.; 3. ... fueron al médico hace unas semanas y el médico les recomendó hacer deporte.; 4. ... tiene mucha presión de sus superiores.*
Actividad adicional: Haga una puesta en común con las razones que han dado las parejas y valore con sus alumnos las aportaciones de todos a partir de las siguientes preguntas, p. ej.: ¿Qué parejas coinciden? ¿A qué pareja se le ha ocurrido la razón más original o divertida? ¿Qué pareja ha escrito más razones?

4b. Continuando con el trabajo en parejas, los alumnos hablan sobre sus cambios de personalidad o de estado en la vida diaria a partir de las expresiones con verbos de cambio de la caja.
Solución: *abierta*

5 Políglotas

Objetivos:
hablar de acciones pasadas – repasar el uso de los tiempos del pasado (pretérito perfecto, indefinido, imperfecto y pluscuamperfecto) – ejercitar la comprensión lectora – entrevistar a un compañero

5a. Contextualice la actividad indicando a sus alumnos el tipo de texto que van a leer y explicando brevemente quién es el entrevistado a partir de la información que le adjuntamos debajo. Pídales que lean la instrucción y las preguntas y aclare posibles dudas. Después déjeles leer la entrevista de forma individual. Pase por las mesas y conteste las preguntas que puedan surgir. Resuelva la actividad en el pleno.
Solución: 4, 3, 1, 2
Información: Raimundo Viejo Viñas nació en Vigo, Galicia, en 1969. Es profesor universitario, político y editor. Fue concejal del Ayuntamiento de Barcelona en 2015 y diputado en las Cortes Generales. En la actualidad se dedica a la enseñanza en distintas universidades de Cataluña. Es doctor en Ciencias Políticas por la Universidad Humboldt de Berlín.

5b. Explique que van a hacer una comprensión detallada de la entrevista. Pídales que trabajen de forma estratégica buscando las palabras clave de cada párrafo, tal y como se explica en el cuadro del margen *Estrategia*. Después, invítelos a que formulen las ideas principales a partir de las palabras clave. Deje que comparen con un compañero antes de resolver en el pleno.
Solución: 1. primera lengua, el alemán, mi abuelo, enamorado de las lenguas germánicas; 2. dos alumnos, becas, selectividad en alemán, el examen, hojas del Der Spiegel, comentario de texto; 3. bilingüe castellano-gallego, el gallego de las ciudades y de los pueblos; 4. contar un chiste, el humor, el valor emocional.
1. Su primera lengua extranjera fue el alemán influido por su abuelo.;
2. Eligió el alemán porque eran pocos alumnos en clase y la embajada daba becas. Hizo la prueba de Selectividad en alemán, los profesores no habían preparado el examen antes. Les dieron unas hojas de Der Spiegel e hicieron un comentario de texto.; 3. Es bilingüe, sus lenguas maternas son el castellano y el gallego. Su bilingüismo le ha ayudado a reflexionar sobre las lenguas y los dialectos. También sobre las diferencias entre las

ASÍ HABLAMOS, ASÍ SOMOS

distintas variantes del gallego.; 4. Para él, saber un idioma es conocer su humor y el valor emocional de la lengua. Por ejemplo, cuando alguien cuenta un chiste en un idioma que está aprendiendo.

5c. Una vez trabajado el texto desde el punto de vista del contenido, explique a sus alumnos que tienen que fijarse en cómo relata Raimundo Viejo sus experiencias y cómo utiliza los distintos tiempos del pasado. Para ello, pídales que lean otra vez la entrevista, subrayen los verbos en pasado y completen la tabla de *Mi gramática* con los tiempos correspondientes y un ejemplo tomado del texto. Antes de empezar, remítalos al cuadro del margen *¿Se acuerda?*, en el que se presentan ejemplos del uso del pretérito perfecto, indefinido, imperfecto y pluscuamperfecto tratados en *Impresiones B1*.
Solución: *eligió, nació, ha empezado, aprendí, fue, empecé, entendía, estudiaba, influyó, era, éramos, daba, fuimos, eligieron, habían preparado, dijimos, estaba, ocurrió, fue, arrancó, dijo, sirvió, di, había, hablábamos, hablaba, era. Mi gramática: 1. perfecto; 2. indefinido; 3. imperfecto; 4. pluscuamperfecto. Ejemplos posibles: 1. Últimamente ha empezado también a aprender checo.; 2. La primera lengua que aprendí fue el alemán.; 3. La embajada alemana nos daba becas.; 4. Los responsables no habían preparado exámenes.*

5d. Forme parejas. Dígales que van a entrevistar a su compañero a partir de las preguntas que aparecen en la actividad. Indíqueles que, además de las preguntas propuestas, pueden formular otras. Sugiérales que tomen nota de las respuestas del compañero y que observen las coincidencias. Haga después una puesta en común en el pleno para que un miembro de cada pareja cuente en qué coinciden.
Solución: *abierta*

6 Anécdotas con otros idiomas

Objetivos:
presentar y practicar algunos recursos frecuentes para contar una anécdota – ejercitar la comprensión oral – ejercitar la expresión escrita y la expresión oral escribiendo un diálogo y representándolo

Actividad previa: Primero asegúrese de que sus alumnos conocen el significado de la palabra "malentendido". Después haga una lluvia de ideas en pleno sobre este tema. Por ejemplo, pregunte qué tipos de malentendidos se les ocurren *(culturales, lingüísticos, debidos a la intención del hablante o a un tono inadecuado...)* y anímelos a que den ejemplos de malentendidos. Anótelos en la pizarra.
Solución: *abierta*

1 ASÍ HABLAMOS, ASÍ SOMOS

6a. Antes de poner la audición, introduzca el tema, dirija también la atención de sus alumnos a las tres ilustraciones en el margen derecho de la página y pídales que describan lo que ven. Explique a los alumnos que tienen que relacionar los tres diálogos con su correspondiente ilustración. Pídales que, además de relacionar, se fijen en la causa de los malentendidos. Después resuelva en el pleno.
Solución: *A – diálogo 3; B – diálogo 2; C – diálogo 1*
En el diálogo 1, una persona pensó que alguien hablaba de un "burro", del animal, pero se refería a la mantequilla. En italiano "burro" significa "mantequilla".; En el diálogo 2, una persona cuenta el malentendido entre el "tinto" en Colombia y el "tinto" en España. En Colombia un "tinto" es un café. En España, es un vaso de vino tinto.; En el diálogo 3, se plantea la diferencia de significado entre "vale, vale" en España, por ejemplo, cuando alguien te sirve azúcar en el café ("es suficiente") y en Grecia, que significa "echa, echa".

6b. A continuación, los alumnos escuchan los diálogos nuevamente, esta vez poniendo atención a los recursos que se utilizan para relatar y comentar anécdotas. Pídales que lean las frases antes de comenzar la audición y resuelva posibles preguntas. El objetivo de la tarea es numerar las frases **a, b, c, d** de cada diálogo por orden de aparición. En una segunda fase, clasificarán las frases según su función comunicativa.
Solución: *1. a – 3; b – 2; c – 4; d – 1; 2. a – 4; b – 1; c – 3; d – 2; 3. a – 3 ; b – 1; c – 4; d – 2*
<u>Introducir una anécdota</u>: *¿Saben lo que me pasó?; Yo os puedo contar otra anécdota.; ¿Queréis que os lo cuente?;* <u>Continuar con la anécdota</u>: *Pues que...; Pues nada, que...; Pues resulta que...;* <u>Reaccionar con interés</u>: *No, cuenta, cuenta. ¿Qué pasó?; ¡Qué bueno!; ¿En serio?; A ver, cuéntanos.; ¡Anda!; Sí, claro.*

6c. Forme grupos. Explíqueles que van a escribir un diálogo sobre una de las anécdotas que aparecen en el ejercicio. Comente con ellos las ilustraciones y asegúrese de que entienden las situaciones descritas en las tarjetas. A continuación, deje que escojan una de las situaciones y deles tiempo suficiente para que escriban el diálogo. Recuérdeles las estructuras del nivel A2 (estructurar una historia y reaccionar) que aparecen en el cuadro *¿Se acuerda?*. Anímelos a que incluyan en sus diálogos también las estructuras aprendidas en **6b**. Al final, cada grupo representa su diálogo en la clase.
Sugerencia: Anime a sus alumnos a que sean espontáneos y naturales. Sugiérales que no lean el diálogo, sino que lo utilicen solamente de forma orientativa. Si lo considera necesario, puede corregir sus textos hasta la clase siguiente, si le parece conveniente. En la **ficha fotocopiable 1** de la página 54 de esta Guía encontrará una propuesta de abreviaturas y símbolos para la corrección escrita.

ASÍ HABLAMOS, ASÍ SOMOS   **1**

¡Consolidamos! El anecdotario de la clase

Objetivos:
repasar los contenidos de la unidad – elegir y contar una anécdota relacionada con el aprendizaje de un idioma extranjero – narrar una anécdota – elegir la anécdota más divertida

Tarea:
a. Explique a sus alumnos que van a pensar individualmente en una anécdota propia relacionada con el aprendizaje de un idioma. Para ayudarlos a que recuerden algún episodio o experiencia, dirija su atención a los temas del margen derecho y explíquelos. Pueden ser anécdotas relacionadas con la pronunciación incorrecta o poco clara de una palabra, el uso de un falso amigo entre la lengua materna y la lengua meta o también el uso de una expresión en un contexto, registro o situación inadecuados. Después, cada alumno toma notas sobre su anécdota. En la actividad **c** verá dos ejemplos de anécdotas posibles.
Solución: *abierta*
b. Ahora forme grupos. Cada alumno cuenta su anécdota a los otros miembros de su grupo a partir de las anotaciones. En el grupo se elige una de las historias y un voluntario la escribe en una hoja con las aportaciones del grupo. Después, las cuelgan en la pizarra o en la pared, o si no es posible, las colocan en una mesa central accesible para todos.
Solución: *abierta*
c. Cada uno lee las anécdotas de los demás y entre todos eligen la más divertida o simpática.
Solución: *abierta*

Tendiendo puentes
¿Nos entendemos? ¡Sí, nos entendemos!

Objetivos:
ejercitar la comprensión lectora – reflexionar sobre las diferencias y similitudes entre distintas variantes del español – reflexionar sobre el uso de "usted" en algunos países de habla hispana

Actividad previa: Hable con sus alumnos sobre el significado de *Tendiendo puentes*, título general de todas las páginas de sociocultura de cada unidad en *Impresiones B2*. Pregúnteles qué significa "tender puentes" y cómo podemos crear puentes en clase según su opinión. Sobre las páginas de **Tendiendo puentes** consulte también la página 7 de esta Guía.

1 ASÍ HABLAMOS, ASÍ SOMOS

Solución posible: *Cuando hablamos unos con otros, creamos puentes porque intercambiamos nuestras ideas.; Pero también cuando el profesor explica un tema y nos ayuda a entenderlo.; Además, en el aprendizaje de una lengua estamos inconscientemente tendiendo puentes entre nuestra primera lengua o lengua materna y la lengua meta.*

a. Forme parejas. Lea en voz alta el título: *¿Nos entendemos? ¡Sí, nos entendemos!*, y dirija la atención de los alumnos hacia las tres fotos que reflejan situaciones comunicativas de relaciones interpersonales. Pídales que las miren y las relacionen con las situaciones presentadas en la actividad, marcando lo que hacen las personas en cada foto. Hay varias posibilidades.

   Solución posible: <u>Foto 1:</u> saludar, dar un regalo; <u>Foto 2:</u> saludar, invitar a entrar en casa; <u>Foto 3:</u> ofrecer algo, preguntar por el estado de la otra persona

b. Explique a los alumnos que van a leer y escuchar los dos diálogos de la página. En el primer diálogo escucharán a dos mujeres de Bogotá; en el segundo, a dos mujeres de Madrid. La situación de ambos diálogos es la misma, pero los recursos lingüísticos que utilizan las hablantes son distintos. Pídales que se fijen en la entonación y la forma de expresarse, y que subrayen en los diálogos las expresiones que aparecen para saludar, invitar a entrar en casa, ofrecer algo y aceptar el ofrecimiento. Después resuelva en el pleno con las respuestas de algún voluntario.

   Solución: <u>saludar:</u> *¡Hola, amiga! ¿Qué más? ¿Qué me cuenta?; ¡Hola, Yadirita!; Pero, ¿qué tal? ¡Cuánto tiempo! ¡Por fin!;* <u>invitar a entrar:</u> *¡Siga!, ¡bienvenida!; Pasa, pasa...;* <u>ofrecer algo:</u> *Bueno, ¿nos tomamos un tintico?, ¿o le provoca un juguito?; ¿Quieres tomar algo? ¿Una cervecita? Vamos a abrir un cava que tengo en la nevera.;* <u>aceptar:</u> *Nada, vale, pues abre el cava.*

   Información: Al igual que muchas otras lenguas, el español es un idioma pluricéntrico. Es decir, no existe solamente un "español", el "mejor español" o un español "central" y muchas variantes dialectales distintas, sino que hay varios estándares o "centros" del español todos igual de válidos. Entre otros, los lingüisticas consideran centros del español el español de México, que cuenta con el mayor número de hablantes y que se habla también en los EE. UU., el español del Cono Sur (Argentina, Uruguay, Paraguay y Chile), el español del Río de la Plata, el andino, el caribeño y el europeo.

c. Anime a los alumnos a que se pongan en la piel de las personas anteriores, a que imiten su entonación y utilicen los recursos subrayados en **b**. Recuérdeles que es mejor no leer el texto sino intentar representarlo de forma espontánea y natural. Si es necesario, deje que escuchen de nuevo los diálogos para captar mejor la entonación. Al final, pídales que expliquen en el pleno cómo se han sentido en esas situaciones.

La escuela de la vida 2

Comunicación: hablar de la escuela y de la educación, valorar hechos presentes y pasados, expresar sentimientos sobre hechos pasados
Gramática y léxico: el pretérito imperfecto de subjuntivo: formas y uso con verbos de sentimiento y valoración, contraste entre el uso del infinitivo y del pretérito imperfecto de subjuntivo en la expresión de sentimientos y en las valoraciones, tipos de enseñanza, léxico sobre educación y sistema escolar, retos de las escuelas en el futuro, recuerdos de la etapa escolar

1 Así era mi escuela

Objetivos:
conocer y practicar vocabulario sobre distintos tipos de enseñanza – ejercitar la interacción oral

Actividad previa: Lea el título de esta Unidad 2 y los objetivos, haciendo hincapié en lo que los alumnos serán capaces de hacer en español al final de la unidad para motivarlos.

1a. Forme parejas, dirija la atención de los alumnos a las fotos y a los tipos de enseñanza de las cajitas. Pídales que relacionen las fotos con los tipos de enseñanza y que expliquen en qué consisten en interacción con su compañero. Si lo considera necesario, haga una puesta en común para resolver en pleno.
Solución posible: 1. Yo relacionaría la foto 1 con la enseñanza tradicional, porque se ve a un profesor en el rol tradicional y a unos alumnos que simplemente están escuchando.; 2. En la foto 2 aparece una escuela-bosque. Los niños están al aire libre y la profesora les está enseñando algo relacionado con el bosque o con el campo, algo práctico.; 3. En la foto 3 se ve a un niño o una niña con su madre o con una profesora. Parece que están en casa; por eso, se trataría de la enseñanza en casa o "homeschooling".; 4. En la foto 4 se refleja una situación de enseñanza inclusiva a niños con necesidades especiales.

1b. Forme grupos. También puede juntar simplemente a dos parejas. Explique que ahora se trata de hablar libremente sobre el tipo de enseñanza que recibieron, a qué tipo de escuela fueron, si les gustaba o no, y por qué.
Variación: Para asegurarse de que todos hablen, dele un carácter lúdico a la actividad, convirtiéndola en una actividad de tipo "contrarreloj". Pídales a sus alumnos que hablen sobre el tema, pero que realicen sus intervenciones con un límite de tiempo de dos minutos por cada

miembro del grupo. Sugiérales que para controlar el tiempo, utilicen el cronómetro del móvil y la alarma. Así creará una cierta tensión positiva en el grupo y fomentará la motivación.

2 La escuela ideal

Objetivos:
hablar sobre los requisitos necesarios de una escuela ideal – comprender información sobre el concepto pedagógico de un colegio y sobre las distintas etapas de la enseñanza en España – aprender vocabulario relacionado con la enseñanza escolar – ejercitar la comprensión lectora y la interacción oral – ejercitar la expresión escrita elaborando una presentación breve sobre una escuela que conocen

2a. Forme grupos o mantenga los mismos grupos de la actividad anterior. Pídales que lean de forma individual y en silencio la lista de criterios que aparecen en la actividad. Resuelva dudas o preguntas de vocabulario. Después dígales que también individualmente añadan dos criterios más y que ordenen todos los criterios según el grado de importancia en su opinión (1 muy importante, 10 nada importante). Anímelos a que interactúen en su grupo comparando los resultados con sus compañeros. Pase por las mesas e intervenga si lo considera necesario.
Solución: *abierta*

2b. Ahora disuelva los grupos. Dígales que lean individualmente y en silencio un reportaje sobre el Colegio "Estudio" de Madrid, un centro educativo muy reconocido por la calidad de su enseñanza. Pídales que lean el texto guiados por el objetivo de buscar en él los criterios de **2a** que cumple el Colegio "Estudio" y que los marquen. Haga una puesta en común para corregir la actividad, o bien deje que comparen sus resultados con un compañero.
Solución: <u>fomento de la autonomía:</u> *los estudiantes son los verdaderos protagonistas del sistema educativo; su propia autoevaluación;* <u>apoyo a la creatividad:</u> *donde la creatividad, la música y la afectividad ocupan un papel fundamental;* <u>trabajo con proyectos:</u> *sino también sus intervenciones, su participación en los proyectos;* <u>profesores con vocación:</u> *es un ejemplo de profesorado con vocación;* <u>profesores formados:</u> *Periódicamente asisten a cursos de formación;* <u>implicación de los padres:</u> *la asociación de padres y madres tiene además un papel fundamental, participando y colaborando*

2c. Indíqueles que tienen que leer el texto otra vez de forma individual con el objetivo de hacer un campo asociativo sobre el tema *Colegio "Estudio"* y aprender vocabulario relacionado con la enseñanza y el sis-

LA ESCUELA DE LA VIDA   **2**

tema escolar. Una vez completado el asociograma, cuyos términos irá usted escribiendo en la pizarra con las intervenciones de algunos voluntarios, pida a sus alumnos que hablen en el pleno respondiendo a la pregunta de si les parece una escuela ideal. Anímelos a que argumenten dando su opinión de forma crítica. Para ello lea el ejemplo que aparece en la actividad.

Solución: <u>aprendizaje/enseñanza</u>: *colegio, centro educativo, movimiento pedagógico, sistema educativo, enseñanza de tipo global, estudiantes, modelos de aprendizaje, alumnos, enseñanza colaborativa, humana, conocimientos, habilidades;* <u>evaluación</u>: *continua, global, exámenes, notas numéricas, participación, autoevaluación;* <u>docentes</u>: *profesorado, vocación, expertos, cursos de formación;* <u>currículo</u>: *abierto, flexible, asignaturas, planes de estudio;* <u>etapas escolares</u>: *Educación Primaria, Secundaria, Bachillerato;* <u>estructura de las clases</u>: *asignaturas, talleres, proyectos*

Sugerencia: Remítalos al cuadro de *Información*, en el que se presentan de forma esquemática las etapas del sistema educativo de España.

2d. Vuelva a formar los grupos de la actividad **2a**. Pídales que escriban una breve presentación sobre una escuela famosa que conozcan. Anímelos a que primero negocien de forma oral qué escuela elegirán. Después, los distintos grupos leerán sus textos en voz alta en la clase. Pídales a los otros grupos que escuchen de forma activa y que tomen notas para responder a la pregunta planteada: *¿Qué aspectos del Colegio "Estudio" comparten las escuelas presentadas?*

Solución: *abierta*

Sugerencia: Recuerde en clase las estrategias de escritura que se trataron en otros niveles de *Impresiones*: 1. Planificar, 2. Estructurar y formular, 3. Leer y revisar. Además, como en esta actividad **2d** se trata de realizar una presentación breve para ser leída en voz alta, se aconseja que antes se ensaye en el grupo. Anímelos a que decidan de qué forma harán su presentación: por ejemplo, un único portavoz o varios portavoces, con elementos visuales como fotos o proyectando una presentación digital.

Sobre la **producción escrita** consulte la página 15 de esta Guía.

3 Los retos de la escuela

Objetivos:
valorar hechos presentes – intercambiar opiniones de forma oral sobre los retos de las escuelas en la actualidad – ejercitar la comprensión oral

2 LA ESCUELA DE LA VIDA

3a. Forme nuevos grupos. Pídales que hagan una lluvia de ideas sobre los restos de las escuelas hoy en día. Para motivarlos y orientarlos en la búsqueda de temas, lea en voz alta la muestra de lengua y las notas del margen de la derecha: *ofrecer igualdad de oportunidades, adaptarse a los avances tecnológicos*. Pase por las mesas y observe cómo se desarrolla la actividad.
Actividad adicional: Si lo considera conveniente, anote en la pizarra los resultados de las lluvias de ideas de los distintos grupos, para que todos se enriquezcan con las ideas de los demás.
Solución: *abierta*

3b. De forma individual. Explique que a continuación van a escuchar un pódcast sobre los retos de las escuelas y lea los temas que aparecen. Dígales que escuchen y que numeren los temas según su orden de aparición en la audición. Insista en que en esta primera audición solo tienen que ordenar los temas. Ponga la audición y deles tiempo para contestar. Después resuelva en el pleno o pídale a algún voluntario que diga las soluciones.
Solución: *a 3; b 4; c 1; d 2*

3c. A continuación indíqueles que volverán a escuchar el pódcast y que tienen que identificar los retos que se mencionan en relación a los temas de antes. Sugiérales que utilicen una hoja aparte y que antes de la audición escriban en ella los temas de **3b**: *aulas – horarios – profesores y alumnos – currículo escolar*, dejando espacio suficiente para anotar la información relacionada. Escriba los temas en la pizarra y ponga la audición. Antes de resolver en el pleno, puede dejar que sus alumnos comparen los resultados con un compañero.
Solución: *a. aulas: Cambiará el diseño y la estructura de los centros escolares y de las aulas para facilitar la creatividad, la investigación y el trabajo en proyectos. Las escuelas públicas también tendrán que modernizarse, lo que supone un gran reto.; b. horarios: Se perderá la frontera entre el colegio y el hogar. Gracias a la digitalización se flexibilizará el aprendizaje.; c. profesores y alumnos: La clase frontal pertenece al pasado. El profesor no es el único transmisor de conocimientos. Los alumnos tienen acceso a la información gracias a Internet. Puede haber un cambio de roles profesor-alumno, por ejemplo, en la clase invertida. Pero el profesor va a seguir siendo importante para enseñar a los alumnos a ser críticos con la información que reciben y para seleccionar la información.; d. currículo escolar: Habrá una personalización de las asignaturas, las escuelas tendrán que orientarse a las salidas profesionales del futuro. Será necesario fomentar el diálogo entre las empresas y el mundo escolar.*
Sugerencia: La comprensión oral puede resultar difícil para algunos aprendientes. Por eso trabaje este tipo de actividades de forma

LA ESCUELA DE LA VIDA **2**

afectiva y colaborativa, con distintas fases y estrategias. Sobre la **comprensión oral** consulte la página 14 de esta Guía.

3d. Mantenga los grupos que formó en la actividad **3a**. Pídales que lean las opiniones de distintas personas sobre el tema de los retos de la educación y que marquen los aspectos que no se habían mencionado hasta ahora. Después, anímelos a interactuar dentro de su grupo expresando con qué opiniones están de acuerdo y por qué.

Solución: <u>Temas nuevos:</u> <u>opinión 3:</u> el fracaso, el abandono escolar, el acoso; <u>opinión 5:</u> la labor de las escuelas como transmisoras de valores éticos y morales; la disciplina

Solución posible de la interacción: *Yo estoy de acuerdo con la opinión de que las escuelas deberían modernizarse. Algunas escuelas públicas son muy antiguas.; A mí no me parece bien que las escuelas deban transmitir valores morales, creo que es una tarea de las familias exclusivamente.*

Sugerencia: Recuerde a sus alumnos que en *Impresiones B1* y seguramente en otros manuales del nivel B1 aprendieron el uso del presente de subjuntivo con expresiones de sentimiento, valoración o cuestionamiento. Remítalos al cuadro del margen *¿Se acuerda?* y revise con ellos los ejemplos que se presentan.

Actividad adicional: Indíqueles que lean otra vez las opiniones de **3d** y que subrayen las expresiones con las que se realiza una valoración. Después, remítalos al cuadro del margen *Expresiones para valorar* y pídales que comparen las expresiones marcadas en el texto con las que aparecen en el cuadro.

Solución: *1. creo que es necesario que las escuelas se modernicen; 2. me parece bien que los profesores acompañen a los alumnos en su aprendizaje; 3. Yo considero que...; 4. Valorar otro tipo de habilidades y competencias me parece muy positivo; 5. Pero lo que yo más aprecio... es que transmita valores éticos.; 6. es incomprensible que las escuelas no se modernicen y se adapten a los nuevos tiempos*

4 Mis recuerdos del "cole"

Objetivos:
valorar y expresar sentimientos sobre hechos pasados (I) – presentar las formas y el uso del pretérito imperfecto de subjuntivo para valorar y expresar sentimientos sobre hechos pasados – practicar las formas del pretérito imperfecto de subjuntivo de forma lúdica – ejercitar la comprensión lectora

4a. Cuente a sus alumnos que van a leer los comentarios de unas personas sobre sus recuerdos del colegio en una red social o foro. Pídales que lean individualmente y en silencio los comentarios, y que marquen los temas que tratan. Después resuelva en el pleno o pida a un voluntario que diga las soluciones.
Solución: *el comedor; las pausas; el camino al colegio; el material escolar*
Variación: Para cambiar un poco la forma de hacer la lectura y dado que se trata de un tipo de texto de una red social (chat o foro), de carácter dinámico y con distintas voces o intervenciones, forme grupos y pídales que cada uno lea de forma alternativa uno de los comentarios. Mientras tanto, los demás escuchan y marcan el tema de cada comentario.

4b. Explique que ahora harán una lectura detallada y que tendrán que poner atención en lo que odiaban, les gustaba o no, era importante o les parecía o parece todavía bien o mal de aquella época a las personas del foro.
Pídales que subrayen las frases que expresan esos sentimientos o que valoran los hechos. Invítelos a que comparen las soluciones con un compañero y resuelva después en el pleno.
Solución: <u>Macarena López</u>: *No me gustaba nada que mi madre me llevara todos los días al cole en coche.;* <u>Amelia Agui Lera</u>: *Yo odiaba que los profesores controlaran si nos lo habíamos comido todo o no.;* <u>Luis Cabrera Gutiérrez</u>: *... para mis padres era muy práctico que yo comiera en el cole.;* <u>NanDo</u>: *... para nosotros era muy importante que nos permitieran salir al patio de vez en cuando.;* <u>Nati Expósito Soto</u>: *... a mí me parece fatal que nuestros padres tuvieran que comprar tantos libros a principios de curso.*
Actividad adicional: Pregunte a sus alumnos si se identifican con las personas del foro o si hay algo que les sorprenda. Quizás se pregunten por qué los estudiantes tienen que comprarse los libros. Tematice con ellos el hecho de que en España las familias, padres o madres, tengan que comprar todos los libros de texto al principio del año escolar. Pregúnteles si es también así en el lugar donde viven. En el cuadro del margen *Información* se hace referencia a este tema.

4c. Comente con sus alumnos que en esta actividad van a conocer las formas de un tiempo verbal nuevo del modo subjuntivo: el pretérito imperfecto. Para ello, pídales que, en un primer paso, completen la tabla con las formas que faltan, releyendo los textos de **4a**. Después resuelva el ejercicio en el pleno. Explique cómo se forma el pretérito imperfecto de subjuntivo remitiéndolos al cuadro del margen. El pretérito imperfecto de subjuntivo de todos los verbos, regulares o irregulares, se forma a partir de la tercera persona plural *(ellos/-as, ustedes)* del pretérito indefinido sustituyendo la terminación *-ron* por las termina-

LA ESCUELA DE LA VIDA

ciones *-ra, -ras, -ra, -ramos, -rais, -ran*. Estas terminaciones son las mismas para todas las conjugaciones.

Solución: <u>Verbos regulares:</u> *llevara, comiera, permitieran;* <u>Verbos irregulares:</u> *tuvieran*

A continuación, y en un segundo paso de la actividad, indíqueles que van a trabajar en la página siguiente en el apartado *Mi gramática*. Aquí tendrán ocasión de reflexionar sobre el uso del pretérito imperfecto de subjuntivo. Anúncieles que se trata de uno de los muchos usos de este tiempo y que en *Impresiones B2* se presentarán otros más de forma progresiva y contextualizada.

Pídales que lean la explicación de *Mi gramática* y que subrayen la opción correcta. Después lea la explicación en voz alta y resuelva.

Solución: La opción correcta es *pasadas*.

Información: El pretérito imperfecto de subjuntivo tiene otra forma paralela acabada en *-se: trabajase, trabajases, trabajase, trabajásemos, trabajaseis, trabajasen*. Ambas formas, la forma en *-ra* y la forma en *-se*, parten de la tercera persona plural del pretérito indefinido y se utilizan indistintamente sin diferencias. Para facilitar el aprendizaje del pretérito imperfecto de subjuntivo y poner la atención en los usos, en *Impresiones B2* solo se presenta la forma en *-ra*.

4d. A continuación, sus alumnos tendrán la oportunidad de practicar las formas del pretérito imperfecto de subjuntivo en grupos y de forma lúdica. Forme grupos de tres personas y explíqueles en qué consiste este pequeño concurso. El objetivo es conjugar bien los verbos propuestos en la caja. Un alumno empieza y dice uno de los verbos en voz alta. El compañero de la derecha lo conjuga en la tercera persona del plural del pretérito indefinido. El tercer compañero conjuga el verbo en pretérito imperfecto de subjuntivo en todas sus personas, y se anota los puntos de esa ronda si lo hace bien. Los alumnos irán rotando, es decir, siempre empezará la cadena otro alumno. Los verbos de la caja están en dos colores distintos según el grado de dificultad que presentan. Los verbos en verde son más fáciles y por eso se consiguen solamente 3 puntos. Los verbos en naranja son más difíciles y valen más: se consiguen 5 puntos si se conjugan bien. Remítalos al ejemplo ilustrado para que entiendan perfectamente cómo funciona este concurso de verbos y haga una prueba antes con una ronda para comprobar que el procedimiento está claro.

Finalice la actividad recogiendo los resultados de cada grupo y nombrando a los "Campeones del imperfecto de subjuntivo". Si quiere, puede llevar a clase algún regalito para los ganadores: caramelos, muñequitos, postales...

Solución: *abierta*

2 LA ESCUELA DE LA VIDA

4e. Forme parejas. Comente que van a poder conocer mejor los gustos de algunos personajes famosos en el pasado: el escritor colombiano Gabriel García Márquez, el pintor español Salvador Dalí y el futbolista argentino Lionel Messi. Para ello, pídales que formen frases uniendo los elementos de cada columna y recurriendo a sus conocimientos previos sobre los gustos de estas personas conocidas. Avíseles de que no pasa nada ni no conocen a estos personajes y que no se preocupen si no aciertan, ya que tienen las soluciones al final de la página. Sugiérales que escriban las frases para compararlas con las soluciones. Al final pueden contar sus aciertos.

Solución posible: *Yo creo que a Messi le molestaba que le llamaran "la pulga".; Y quizás García Márquez odiaba que sus vecinos no reconocieran su talento.; A Dalí le gustaba que su esposa le ofreciera mate argentino para beber.; A Messi le molestaba que su abuela Celia lo acompañara a entrenar.*

Solución: *A García Márquez le gustaba/encantaba que su esposa le pusiera flores amarillas en su escritorio.; A García Márquez le molestaba que los cineastas quisieran llevar al cine su obra más importante.; A Dalí le gustaba/encantaba que sus vecinos le ofrecieran mate argentino para beber.; Dalí odiaba que su padre no reconociera su talento.; Messi odiaba / A Messi le molestaba que la gente le llamara "la pulga".; A Messi le gustaba/encantaba que su abuela Celia lo acompañara a entrenar.*

Información:
Gabriel García Márquez nació en Aracataca, Colombia, en 1927 y murió en la Ciudad de México en 2014. Fue periodista y uno de los escritores más reconocidos en lengua española de todos los tiempos. Su novela *Cien años de soledad*, publicada en 1967 y adscrita al movimiento del realismo mágico, forma parte de los clásicos hispánicos universales. García Márquez recibió el Premio Nobel de Literatura en 1982.
Salvador Dalí nació en Figueras, un pueblo de Gerona, España, en 1904 y murió en 1989 también en Figueras. Fue un pintor y escultor, y se le considera uno de los máximos representantes del surrealismo.
Lionel Messi nació en Rosario, Argentina, en 1987. Es un jugador de fútbol mundialmente reconocido.

5 ¡Cuánto tiempo ha pasado!

Objetivos:
hablar de los recuerdos de la escuela secundaria – valorar y expresar sentimientos sobre hechos pasados (II) – contrastar el uso del pretérito imperfecto de subjuntivo y del infinitivo para valorar y expresar sentimientos – ejercitar la comprensión oral – ejercitar la interacción oral

LA ESCUELA DE LA VIDA

2

5a. Contextualice la actividad diciendo que unos amigos de la época del instituto o de secundaria se encuentran después de quince años y hablan de los recuerdos de entonces. Dirija la atención de sus alumnos a las fotos. Todas ellas reflejan distintas situaciones relacionadas con los recuerdos de aquella época. Dígales que tienen que escuchar el diálogo y ordenar las fotos en orden de aparición. Avíseles de que sobra una foto. Ponga la audición, deles tiempo para ordenar las fotos y después resuelva en el pleno.
Sugerencia: Como actividad de preaudición para facilitar la comprensión del diálogo, deje que sus alumnos describan previamente las fotos en parejas. O bien en pleno, pídales que describan las fotos y anote posibles palabras clave para anticipar el contenido de la audición.
Solución: *E, D, A, B. Sobra la foto C.*

5b. Explique que a continuación tendrán la oportunidad de volver a escuchar la audición y que esta vez la tarea consiste en tomar nota de al menos una información por foto. Ponga la audición y deles tiempo para escribir. Después resuelva, anotando en la pizarra las aportaciones de todos.
Solución posible: <u>Foto A:</u> *Los amigos hicieron un viaje fantástico. Recogieron dinero, buscaron destinos posibles y salió el país que quería uno de los amigos.*; <u>Foto B:</u> *Lo mejor eran las actividades extraescolares. Algunos profesores las organizaban, eso le encantaba.*; <u>Foto D:</u> *Algunos profesores repetían muchas veces a lo largo de todo el año los exámenes que tendrían a finales de curso. El último año solo estudiaron y estudiaron.*; <u>Foto E:</u> *Lo mejor eran las tardes en las que jugaban en la cantina a un juego de mesa. A uno de los amigos no le gustaba nada perder.*
Actividad previa: Antes de pasar a la actividad **5c** dirija la atención de sus alumnos al cuadro del margen en el que se contrasta el uso del pretérito imperfecto de subjuntivo y del infinitivo para expresar sentimientos y valorar acciones pasadas. Pídales que lo lean y comenten en parejas. Seguramente no les resultará difícil, ya que aprendieron este fenómeno en *Impresiones B1* en relación con el presente de subjuntivo para expresar sentimientos y valoraciones sobre acciones presentes o futuras. De todas formas, no estaría de más recordárselo y que se fijen en los ejemplos.

5c. Forme parejas. Ahora sus alumnos podrán valorar ellos mismos sus experiencias en el instituto o la escuela secundaria. En primer lugar, pídales que hagan una lista con cinco recuerdos relacionados con los temas de las cajitas, que les servirán de fuente de inspiración. Después anímelos a que compartan esos recuerdos con un compañero. Deje que una pareja lea la muestra de lengua antes de pasar a la interacción.
Solución: *abierta*

2 LA ESCUELA DE LA VIDA

Información: La palabra *instituto*, "insti" en la jerga juvenil, designa dentro del ámbito de la educación reglada el centro estatal donde tienen lugar las clases de la etapa de enseñanza secundaria en España. Los chicos y las chicas van al "insti" normalmente a partir de los 12 años. En el instituto realizan las Educación Secundaria Obligatoria (ESO), que consta de cuatro años académicos, y el Bachillerato, que dura dos años académicos.

¡Consolidamos! Profesores de español por un día

Objetivos:
repasar los contenidos de la unidad – hacer una presentación con un soporte visual – valorar las presentaciones de los demás

Tarea:
a. Forme grupos y explíqueles que podrán ser "profesores de español" por un día. Para ello, pídales que lean las tarjetas y que elijan una de ellas. Ese será el tema de su "clase de español".
Solución: *abierta*
Variación: Lea en voz alta los temas de las tarjetas antes de formar los grupos y pídales que cada uno de los miembros de la clase decida individualmente qué tema prefiere. Forme los grupos con los alumnos que hayan elegido el mismo tema.
b. Explíqueles cómo realizar la tarea. Sugiérales que tomen notas de lo que van a decir sobre el tema elegido y que decidan qué soporte visual (póster, vídeo, presentación digital o tarjetas) van a utilizar. Si quieren utilizar otro soporte visual u otro medio, ¡adelante! Deles tiempo suficiente para preparar la presentación, pero establezca un límite para que todos los grupos terminen más o menos a la vez. La tarea puede realizarse en unos 20 minutos.
c. Pida a cada grupo que se levante y presente su tema. Mientras, los otros grupos escuchan y valoran la presentación dando puntos de 1 (la presentación no ha estado demasiado bien) a 5 (la presentación ha estado muy bien). Una vez terminada la presentación, tome nota en la pizarra de la puntuación que dan los miembros de los otros grupos. Nombre al final un grupo ganador.
Solución: *abierta*

LA ESCUELA DE LA VIDA **2**

Tendiendo puentes
¡Dos grandes poetisas en las clases!

Objetivos:
ejercitar la lectura de poemas en voz alta – mediar y transmitir un poema a un compañero – ejercitar la comprensión oral – practicar una estrategia de mediación de un texto: parafrasear – disfrutar de la escucha de un poema recitado

Actividad previa: Antes de empezar con la primera actividad, cree un ambiente propicio para la lectura de un texto poético, haciendo las siguientes preguntas en el pleno: ¿*Les gusta la poesía? ¿Leen poesías a menudo? ¿Qué poetas españoles o hispanoamericanos conocen?*

a. Forme parejas. Pídales que cada uno elija un poema de los dos que aparecen en la página y que se lo lean en voz alta a su compañero. El compañero escucha atentamente, dice de qué trata el poema y elige la foto que según su opinión representa mejor el tema del poema que acaba de leer su compañero. Luego hacen lo mismo con el otro poema: el otro alumno lo lee, el compañero escucha, dice de qué trata y elige la foto que representa mejor la idea del poema. Lea el ejemplo con sus alumnos antes de que empiecen a trabajar. Una vez terminada la actividad en parejas, dedique unos minutos a comentar los resultados con toda la clase.

Solución posible: <u>Canciones:</u> *El poema trata de lo que es más importante en la educación escolar. No es importante que los niños y las niñas aprendan datos de memoria sin entender lo que han estudiado. Lo importante es que se sepan desenvolver en la vida, independientemente de su origen o condición. Me parece que la foto 1 se relaciona mejor con el tema de este poema, porque se ve a un niño muy aplicado que levanta la mano. Refleja lo que es ser "un empollón" o "una empollona".* <u>Poema del enamorado de la maestra:</u> *En este poema, un niño escribe a su maestra porque está enamorado de ella. Pero el niño se siente mal porque es consciente de quizás hará faltas de ortografía. Seguramente la maestra le suspenderá, pero a él no le importa con tal de repetir curso y seguir con la misma profesora. Yo creo que las fotos 2 y 3 reflejan muy bien al niño enamorado y a la maestra.*

Información: Las escritoras Elsa Isabel Borneman y Gloria Fuertes cultivaron la literatura infantil y juvenil recibiendo premios importantes como el *Hans Christian Andersen*, galardón internacional que otorga la Organización Internacional del Libro Infantil y Juvenil cada dos años.

Elsa Isabel Borneman nació en Buenos Aires en 1952 y murió en 2013, también en Buenos Aires. Estudió Magisterio y después cursó los estudios de Filosofía y Letras y se doctoró. Fue catedrática de Letras en

41

2 LA ESCUELA DE LA VIDA

la Universidad de Buenos Aires y escribió numerosos libros para niños y adultos, además de dar conferencias y cursos. Su libro *Un elefante ocupa mucho espacio* fue censurado y prohibido en los años de la dictadura (1976–1983).

Gloria Fuertes nació en Madrid en 1917 y murió en la misma ciudad en 1998. Estudió Biblioteconomía e Inglés, y trabajó durante varios años en Estados Unidos como profesora de español compaginando las actividades lectivas con su labor como escritora. A partir de 1970 participó en muchos programas infantiles de la televisión española consiguiendo gran popularidad. Como poeta, su obra se relaciona con la Generación del 50 por su contenido social y el intento de acercar la literatura al pueblo.

b. Continuando con el trabajo en parejas, dígales que lean nuevamente los dos poemas y que expliquen con sus propias palabras o "parafraseen" los versos seleccionados. Anímelos a que se apoyen entre sí en esta fase construyendo significado juntos y colaborando.

Pase por las mesas y demuestre interés en la realización de la actividad sin intervenir ni corregir, excepto si observa errores recurrentes. Tome nota de ellos y coméntelos al final de la secuencia si lo considera oportuno. No es necesaria una puesta en común.

Solución posible: *1. Tengo una pena muy grande. Estoy muy triste.; 2. Un empollón o una empollona es un/a alumno/-a que estudia mucho y que siempre saca muy buenas notas. A la poetisa Gloria Fuertes no le parece importante para la vida que un niño sea un empollón.; 3. "Recitar como un loro" quiere decir reproducir datos de memoria sin pensar sobre ello.; 4. El niño está dispuesto a repetir el curso con tal de tener a la misma profesora.; 5. El niño le declara su amor en su cuaderno, pero con faltas de ortografía porque todavía no sabe escribir bien del todo.*

Sugerencia: Parafrasear o expresar con nuestras propias palabras el contenido de un texto o el significado de una expresión o palabra es una estrategia muy útil para la comprensión lectora. Además, contribuye al aprendizaje en colaboración y a la mediación de contenidos ya que cuando parafraseamos algo a otra persona estamos ayudándola a entenderlo mejor.

Sobre la **mediación** consulte la página 11 de esta Guía.

c. A continuación recomiende a sus alumnos que se relajen y que simplemente escuchen sin tomar notas, solo disfrutando de estas poesías recitadas. Después deles la oportunidad de que comenten de forma espontánea en grupos si les han gustado los poemas, cuál les ha gustado más y por qué motivo. Haga una puesta en común al final con las aportaciones de sus alumnos.

Solución: *abierta*

Nuevos mundos laborales 3

> **Comunicación:** hablar del trabajo y de las condiciones laborales, expresar porcentajes y cantidades, interpretar un gráfico, expresar escepticismo, certeza o falta de ella, contraargumentar, expresar sentimientos, gustos y preferencias hipotéticos
> **Gramática y léxico:** formación de sustantivos a partir de verbos, uso del pretérito imperfecto de subjuntivo en la expresión de hipótesis, expresiones de porcentaje y cantidad, el mundo del trabajo, los retos laborales, nuevos modelos de trabajo, cualidades y requisitos de las nuevas profesiones

1 Satisfacción en el trabajo

Objetivos:
conocer y practicar vocabulario sobre distintas condiciones laborales – ejercitar la comprensión oral – ejercitar la interacción oral

Actividad previa: Lea el título de esta Unidad 3 y los objetivos, haciendo hincapié en lo que los alumnos serán capaces de hacer en español al final de la unidad para motivarlos. Recuérdeles que en cada secuencia y con cada actividad se irán acercando más a esos objetivos finales.

1a. Forme parejas. Pídales que se fijen en las personas de las fotos y en los textos que las acompañan. Dígales que tienen que hacer hipótesis con su compañero sobre lo que creen que les hace felices en su profesión a las personas y lo que quizás no es tan satisfactorio de su trabajo. En las cajitas se presentan numerosos criterios que pueden utilizar para hacer sus hipótesis. Pida a un voluntario que los lea en voz alta para todos y resuelva las preguntas de vocabulario que surjan. Deles tiempo para que hablen e intercambien opiniones. Puede hacer una puesta en común en clase después del trabajo en parejas.

Solución posible: *1. Yo creo que a Erika su trabajo le hace feliz porque recibe el reconocimiento de los pacientes a los que atiende. También porque su trabajo es vocacional. Lo que no es tan satisfactorio para ella es que tiene un sueldo bajo y realiza un trabajo por turnos.; 2. En mi opinión, Ricardo es feliz porque realiza un trabajo intelectual y tiene independencia. Lo que no es tan satisfactorio es que no tiene horarios flexibles y que el trabajo en una librería no ofrece seguridad.; 3. Yo creo que a Mercedes su trabajo le hace feliz porque tiene un sueldo alto y asume responsabilidad. No le hace tan feliz no tener horarios flexibles.; 4. A Jonathan le hace feliz poder trabajar a distancia desde casa y tener independencia. Pero no le hace tan feliz o no le resulta satisfactorio no tener posibilidades de ascenso.*

3 NUEVOS MUNDOS LABORALES

1b. Indique a sus alumnos que van a escuchar a dos personas de las fotos anteriores. Le recomendamos que haga al menos dos escuchas. Pídales que en la primera escucha, de tipo global, identifiquen a las personas que hablan y que comparen con su compañero. En la segunda escucha, de tipo detallado, tendrán que marcar los aspectos de **1a** que se mencionan y tomar notas acerca de si las personas de los diálogos valoran esos aspectos de forma positiva o negativa. Sugiérales que comparen también con un compañero los resultados de esta segunda escucha. Después, haga una puesta en común y anote en la pizarra lo que han entendido sus alumnos.
Solución: Hablan Jonathan, foto 4, y Erika, foto 1.
<u>Jonathan:</u> *Hace referencia al tema del trabajo a distancia, tener independencia y flexibilidad de horarios. Pero trabajar solo también tiene desventajas, por ejemplo, el no tener cerca a los compañeros cuando surgen problemas.;* <u>Erika:</u> *Plantea el tema del trabajo por turnos, a veces de noche, y del sueldo bajo. Para ella, estos aspectos son negativos. Pero también le ve aspectos positivos a su profesión, sobre todo el reconocimiento de sus pacientes cuando se recuperan.*

1c. Forme grupos o bien junte a las parejas de antes en grupos de cuatro. Pídales que hablen de los aspectos positivos o negativos que tiene su trabajo actual. En caso de que no tengan trabajo o estén jubilados, deles la oportunidad de que hablen de su último trabajo. Lea con ellos el ejemplo. Pase por las mesas y demuestre interés. No es necesario hacer una puesta en común al final de la actividad.
Solución: *abierta*

2 Preferencias laborales

Objetivos:
interpretar un gráfico y hacer hipótesis – ejercitar la comprensión lectora – expresar porcentajes y cantidades – colaborar para completar un gráfico sobre las preferencias laborales de los jóvenes en el mundo

2a. Forme parejas. Pídales que miren el gráfico y lean los temas de cada parte de la tarta. Indíqueles que en él se presentan las preferencias laborales de los universitarios en España. Sugiérales que para interpretar un gráfico de este tipo se fijen en los colores y en la división del círculo. Aclare el significado de las palabras que no entiendan.
A continuación, explíqueles que la actividad tiene dos partes. En la primera parte, los alumnos tienen que interactuar con su compañero y calcular aproximadamente los porcentajes en cifras a partir de la división del gráfico y rellenar los huecos. Recuérdeles cómo se expresan los

NUEVOS MUNDOS LABORALES   3

porcentajes y las cantidades remitiendo al cuadro del margen *Expresar porcentajes y cantidades*, que puede leer en voz alta para todos.
En la segunda parte de la actividad, tienen que hablar de las razones que pueden llevar a los universitarios a contestar de una u otra forma. Antes de empezar con la actividad, lea la muestra de lengua en voz alta o bien deje que la lea una pareja.

Solución posible: *Algo menos del 20% por ciento prefiere trabajar en una empresa propia, ¿verdad?; Así es, ¿te parece bien si ponemos el 19%?; Yo creo que la mayoría prefiere trabajar en la Función pública, bastantes en una multinacional, pero muy pocos en una pequeña y mediana empresa.; Es posible que los estudiantes prefieran la Función pública porque es un puesto de trabajo seguro. – Sí, y quizás algunos quieren viajar al extranjero y por eso quieren trabajar en una empresa multinacional.*

Información: El gráfico que aparece en la actividad recibe en español el nombre de *gráfico circular* o *de pastel, pizza, tarta* o *torta*.

2b. A continuación, sus alumnos tendrán la oportunidad de verificar las hipótesis anteriores. Para ello pídales que lean en silencio y de forma individual el artículo y que comprueben si las cifras que calcularon en **2a** son correctas. Después, dígales que subrayen las frases del texto en las que se explica el motivo de las preferencias por un trabajo o por otro. Haga una puesta en común con las soluciones correctas del gráfico y con los motivos que han subrayado.

Solución: <u>Otros:</u> *8%;* <u>Función pública:</u> *25%;* <u>Empresa propia:</u> *19%;* <u>No sabe:</u> *14,4%*
<u>Función pública:</u> *Una razón de peso para ello es la estabilidad laboral, por encima de la autonomía o de la flexibilidad de horarios.;* <u>Empresa propia:</u> *... solo uno de cada cinco acepta los riesgos que conlleva tener un negocio propio y dirigir una empresa.;* <u>Multinacional:</u> *Sueñan con viajar al extranjero o compartir su despacho con colegas de distintos países.;* <u>Pyme:</u> *La mayoría opina que las pymes son más sensibles a los altibajos económicos y a las reducciones de plantilla.*

2c. Los alumnos vuelven a trabajar en parejas. Si es posible, estaría bien que formara nuevas parejas para que los alumnos tuvieran ocasión de practicar la expresión de porcentajes y cantidades con otros compañeros. Explique que en este ejercicio van a conocer las preferencias laborales de los jóvenes de quince años a nivel mundial preguntando a sus compañeros los datos que faltan en sus gráficos. Pídales que decidan quién trabaja en la página 26 y quién en la página 177. El alumno que trabaja en la página 26 tiene completo el gráfico de las preferencias laborales de las chicas. Pero le faltan los datos de las preferencias laborales de los chicos, gráfico B. El alumno que trabaja en la página 117 dispone de los datos completos del gráfico B, pero le faltan informaciones

sobre el gráfico A. Empieza el alumno de la página 26, que hará las preguntas necesarias a su compañero para completar el gráfico B. Luego al revés.
Solución posible: <u>Preguntas y respuestas sobre el gráfico B:</u> ¿Cuántos quieren ser ingenieros? – El/Un 18%.; ¿Qué profesión prefiere el 14% de los chicos? – Quieren ser médicos. ; ¿Qué porcentaje de los chicos quiere ser informático en el futuro? – El/Un 11%.; ¿Qué profesión elige el 10%? – Deportista profesional.; ¿Cuántos quieren ser profesores? – El/Un 9,6%.; <u>Preguntas y respuestas sobre el gráfico A:</u> ¿Cuántas chicas quieren ser médicas? – El/Un 29,2%.; ¿Qué profesión elige el 16,8% de las chicas? – Quieren ser profesoras.; ¿Qué porcentaje quiere ser enfermera? – El/Un 9%. ; ¿Cuántas prefieren ser psicólogas de mayor? El/Un 6,8%.; ¿Qué profesión elige el 5%? – Quieren ser diseñadoras.; ¿Qué prefiere hacer en el futuro el 14% de las chicas? – Ser veterinarias.

2d. Forme grupos uniendo a dos parejas de antes. Pídales que comparen los gráficos de las preferencias de los chicos y de las chicas que han completado antes y las diferencias que observan entre ellos. Anímelos a que hablen también sobre la situación en su país. Antes de empezar la interacción en el grupo, remítalos al cuadro del margen *Interpretar un gráfico* y pídales que lean los ejemplos y las expresiones más usuales para hablar de este tema y la muestra de lengua. Pase por las mesas para ayudarles e interesarse por la realización de la tarea.
Actividad adicional: Si tiene la impresión de que la discusión en los grupos puede enriquecer al resto de la clase, haga una puesta en común en el pleno.

3 Mi nueva vida

Objetivos:
aprender nuevos recursos lingüísticos para debatir: expresar escepticismo, certeza o falta de ella y presentar un contraargumento – debatir en grupos – ejercitar la comprensión oral

3a. Forme grupos nuevos o mantenga los grupos anteriores. Cuénteles que van a leer un correo que ha escrito Darío, el señor de la foto, y que después contestarán a unas preguntas. Pídales en primer lugar que lean el correo individualmente y en silencio, y que después, en grupos, contesten a las preguntas de la instrucción: ¿Qué tipo de trabajo realiza Darío?, ¿cuál es el motivo del mensaje?, ¿conocen casos similares?, ¿qué opinan de su decisión?
Solución: *Darío es funcionario en un ministerio.; El motivo de su correo es que quiere comunicarles a sus compañeros que ha decidido abandonar*

NUEVOS MUNDOS LABORALES 3

su puesto en el ministerio para realizar su sueño: hacerse autónomo y crear su propia empresa. Quiere ser dueño de un centro de surf. Por eso quiere ver a sus compañeros antes de dejar su trabajo y tomar algo con ellos para despedirse.
Las dos últimas preguntas tienen una solución abierta.

3b. Contextualice la actividad diciendo que, tal y como anunciaba Darío en su correo, unos días más tarde se encuentra con sus compañeros en el bar "Blanco y Negro". Pídales que escuchen la conversación y que marquen la opción correcta de las tres que se proponen en el ejercicio: a. No saben qué decir.; b. Apoyan su decisión.; c. No están de acuerdo. Esta primera actividad de comprensión es de tipo global.
Solución: c. No están de acuerdo.

3c. Indíqueles que van a volver a escuchar la conversación y que ahora tienen que poner atención en las expresiones o frases que se mencionan, es decir, hacer una comprensión selectiva. Después, en un segundo paso, clasificarán las expresiones que han marcado según su función. Antes de escuchar, deles tiempo para que lean todas las expresiones y estén preparados.
Solución de la audición: 1, 7, 8, 9, 10, 11
Solución de las expresiones y frases: *Expresar escepticismo:* 8, 7, 10; *Expresar certeza o falta de ella:* 7, 9, 11; *Presentar un contraargumento:* 1
Sugerencia: Recuérdeles las expresiones que ya conocen de *Impresiones B1* para mostrar (des)acuerdo y escepticismo reflejadas en el cuadro *¿Se acuerda?*, ya que las necesitarán en la siguiente actividad.

3d. Forme grupos de tres alumnos o mantenga los anteriores si eran tríos. Infórmeles de que van a debatir con un juego de roles en el que asumirán el papel de las personas de las tarjetas. Deles libertad para que elijan si quieren hacer el papel de Lorena, de Gerardo o de Rosana. Deje que lean las tarjetas con calma y que tomen notas sobre lo que van a decir después. Al final, anímelos a que representen el debate, utilizando las expresiones que han aprendido en **3c**. En este tipo de actividad de producción oral abierta y espontánea es importante que los alumnos se sientan cómodos. Si realmente considera necesario corregir o intervenir, hágalo cuando todos los grupos hayan terminado y anotando en la pizarra algunas observaciones generales que puedan resultarles útiles a todos.
Solución: *abierta*

3 NUEVOS MUNDOS LABORALES

4 Nuevos tiempos, nuevos retos

Objetivos:
conocer nuevos modelos laborales y el vocabulario relacionado – aprender cómo se forman sustantivos a partir de verbos – ejercitar la comprensión lectora colaborativa – ejercitar la interacción oral en grupos

4a. Forme parejas. Dirija su atención a los dos títulos de la derecha: *Los fines de semana, ahora de tres días.; Más contentos desde casa*. Pídales que hagan hipótesis sobre el tipo de organización del trabajo que se esconde detrás de esos títulos.
Solución posible: *El primer título se refiere quizás a que la semana laboral puede ser más corta, es decir, que el fin de semana se puede extender también al lunes o bien empezar ya el viernes.; Yo creo que el segundo título se refiere al trabajo desde casa, al trabajo a distancia.*

4b. Indíqueles que los títulos anteriores pertenecen a dos artículos que tendrán la ocasión de leer a continuación. Pídales que cada uno elija un artículo, lo lea y resuma el contenido a su compañero de forma oral, una actividad de tipo colaborativo y de mediación. Después de hacer los resúmenes, comprueben si habían acertado con las hipótesis de la actividad anterior, y buscan en los artículos las ventajas y desventajas que tienen estas formas de organizar el trabajo en las empresas. Sobre la **mediación** consulte la página 11 de esta Guía.
Solución posible: <u>Los fines de semana, ahora de tres días:</u> *Una empresa de productos informáticos ha introducido la jornada laboral de cuatro días o 36 horas semanales en lugar de 40 horas sin que se vean afectados los sueldos. Las ventajas de la reducción de la jornada son el aumento de la productividad, reducir las faltas al trabajo o "absentismo" y el ahorro de energía al realizarse menos viajes. Una desventaja puede ser la dificultad de coordinar los horarios y las vacaciones de todos.;* <u>Más contentos desde casa:</u> *Muchas empresas optan por repartir los días de trabajo entre la oficina y el trabajo desde casa o "teletrabajo". Las ventajas de este modelo son la flexibilidad de los empleados y su satisfacción laboral porque pueden organizarse mejor con su familia. La desventaja es que es necesaria mucha disciplina por parte del trabajador. Además se pierde el contacto directo y personal con los compañeros.*

4c. Ahora pídales que busquen en parejas los sustantivos correspondientes a los verbos que se presentan en el ejercicio. Revuelva en clase y remítalos al cuadro de la derecha *Formación de palabras*, en el que aparecen sufijos distintos para derivar sustantivos a partir de verbos.
Solución: *(inter)cambiar – intercambio; emplear – empleados, empleador; desarrollar – desarrollo; aumentar – aumento; incentivar – incentivo;*

NUEVOS MUNDOS LABORALES 3

ahorrar – ahorro; optar – opción; reunir(se) – reuniones; conciliar – conciliación; reducir – reducción; conversar – conversación; coordinar – coordinación

4d. Forme grupos. Pídales que hablen sobre otras formas de trabajar a partir de sus experiencias o de sus conocimientos y si saben qué tipo de empresas las practican. Invítelos a que pongan ejemplos.
Solución: *abierta*

5 Los lectores comentan

Objetivos:
aprender a expresar sentimientos, gustos y preferencias hipotéticos – ejercitar la comprensión lectora – ejercitar la expresión escrita participando en un foro – expresiones idiomáticas relacionadas con el trabajo

5a. Contextualice la actividad, explicando que algunos lectores leyeron los artículos anteriores de **4b** sobre los nuevos tipos de organización del trabajo y que participaron en un foro. Pídales que lean en silencio y de forma individual los comentarios del foro y que decidan quién/es está/n de acuerdo con las nuevas formas de trabajar y quién/es no, y por qué. Haga una puesta en común para resolver con toda la clase.
Solución: *Están de acuerdo: Clapton y Cristal. Clapton está de acuerdo porque en la oficina no siempre se trabaja de forma productiva, hay muchas interrupciones y reuniones. Además, gracias a las videoconferencias no es necesario estar en la oficina. Cristal está de acuerdo con la implantación de los cuatro días semanales, porque es partidaria de la flexibilidad de horarios.; No está de acuerdo: Abelsierra. Opina que en el teletrabajo la frontera entre el trabajo y la vida privada no está clara. Piensa que en el teletrabajo se trabaja más, incluso los fines de semana.*
Sugerencia: Aunque el dominio productivo de las expresiones idiomáticas pertenece a un uso de la lengua relacionado con el nivel C, etapa de aprendizaje en la que el hablante es más consciente del valor connotativo que tienen ciertas frases o palabras, en *Impresiones B2* se presentan algunas expresiones o frases hechas en distintas unidades para que los alumnos tengan un primer contacto con ellas de forma receptiva y contextualizada. Tematice en clase las expresiones idiomáticas relacionadas con el mundo del trabajo que aparecen en el texto y que se explican en el cuadro *Expresiones idiomáticas*.

5b. Esta actividad tiene dos partes. Para la primera parte, pida a sus alumnos que vuelvan a leer los comentarios de **5a** e indíqueles que subrayen los deseos de los participantes. Después resuelva el ejercicio. Por ejemplo, pida a algunos voluntarios que vayan diciendo las frases que han subrayado y escríbalas en la pizarra. A continuación, remítalos al cuadro del margen en el que se explica el uso del pretérito imperfecto de subjuntivo después de una estructura en condicional simple para expresar sentimientos, gustos y preferencias hipotéticos, y al contraste con el infinitivo cuando el sujeto es el mismo. Pídales que lo lean de forma individual o en parejas, respondiendo a las preguntas que surjan. En la segunda parte de la actividad, anímelos a que escriban un comentario en el foro utilizando las estructuras aprendidas. Puede pedirles que lean el comentario en voz alta en toda la clase o bien que lean los comentarios que han escrito en parejas o en grupos.

Solución de la primera parte: _Clapton:_ *A mí me encantaría que mis jefes me permitieran teletrabajar algunos días de la semana.; Algunas tareas, me gustaría poder realizarlas en casa.;* _Abelsierra:_ *Ni a mí ni a mi mujer nos gustaría que el trabajo invadiera nuestro tiempo libre.;* _Cristal:_ *No estaría nada mal que en mi empresa se implantaran los cuatro días semanales. En realidad, preferiría que los horarios no fueran tan rígidos como ahora.*

Solución de la segunda parte: *abierta*

Sugerencia: Reflexione con sus alumnos unos minutos sobre este nuevo uso del pretérito imperfecto de subjuntivo en comparación con el uso que aprendieron en la Unidad 2. En la Unidad 2, el pretérito imperfecto de subjuntivo se refiere a acciones pasadas, p. ej. *Me molestó que ayer llegaras tarde a la reunión.* Sin embargo, en esta unidad se trabaja el significado del pretérito imperfecto de subjuntivo con valor de futuro, para expresar sentimientos o gustos hipotéticos introducidos por el condicional simple: *Me molestaría mucho que llegaras tarde a la reunión de mañana.* Consulte la Gramática del manual si tiene dudas.

Variación: Para la segunda parte de la actividad puede fotocopiar los textos de **5a** en una hoja de tamaño A3. Cuélguela en la pared o en la pizarra. Pida a sus alumnos que escriban por separado en un papel o en una tarjeta un comentario para cada una de las intervenciones del foro, en total tres papeles o tarjetas. Recuérdeles para ello las estructuras para expresar acuerdo, desacuerdo o escepticismo vistas en la actividad **3c** de la presente unidad. Después indíqueles que se levanten y que cuelguen los comentarios que han escrito en su lugar correspondiente, es decir, junto a los textos de Clapton, Abelsierra o Cristal, y que no se vuelvan todavía a sus asientos.

Deles tiempo para que todos lean los comentarios y propicie después el intercambio de opiniones o de resultados de la actividad en pleno. Si tiene una clase numerosa, realice la actividad en grupos. Para ello haga una fotocopia por grupo y cuélguelas en distintas paredes de la clase.

NUEVOS MUNDOS LABORALES 3

> Bueno, según se mire, Cristal. A mí me molestaría que mis compañeros me llamaran constantemente al móvil.

> Estoy de acuerdo contigo, Clapton. A mí también me gustaría que mi empresa me dejara trabajar desde casa.

> Tienes razón, Abelsierra. A mí tampoco me gustaría que el trabajo invadiera mi vida privada.

6 Nuevas profesiones y sus cualidades

Objetivos:
aprender vocabulario sobre nuevas profesiones y los perfiles profesionales requeridos – ejercitar la comprensión lectora – practicar el vocabulario y las estructuras de forma lúdica

6a. Forme parejas e indíqueles que a continuación leerán tres anuncios de empleo. Explíqueles que se trata de profesiones modernas, relacionadas con el mundo digital. Pídales que lean de forma individual y en silencio, y que encuentren en cada anuncio qué tipo de profesional buscan y qué requisitos son necesarios. Después, díganles que comprueben con el compañero. Haga una puesta en común final para resolver.
Solución: *1. profesores de idiomas para clases en línea, con experiencia en enseñanza en línea, deben ser personas organizadas; 2. experto en SEM para el diseño y análisis de estrategias publicitarias en Internet, debe ser una persona proactiva; 3. blogueros para la redacción de contenidos sobre libros, debe ser una persona comunicativa y apasionada por la lectura*

6b. Pídales que vuelvan a leer los anuncios y que los completen según su opinión con las cualidades que aparecen en el ejercicio. Puede haber varias posibilidades. Antes de que resuelvan la actividad, indíqueles que lean las cualidades de forma individual o en parejas y conteste a las preguntas que surjan sobre el significado de algunas palabras. Sugiérales que recurran a las estrategias de deducción, relación con palabras

ya conocidas o de palabras internacionales y transparentes de otros idiomas, y evite dar directamente la traducción en su lengua. Llame la atención sobre posibles falsos amigos, p. ej. indique que en este contexto *curioso* no es lo mismo que *kurios* en alemán, sino que significa *alguien que tiene interés por saber más, que tiene "curiosidad"*.
Sobre la **comprensión lectora** consulte la página 15 de esta Guía.
Solución posible: *1. empático, eficiente, motivador; 2. analítico, orientado a la estrategia, emprendedor, eficiente; 3. creativo, apasionado, curioso*

6c. Y ahora, ¡a practicar jugando! Forme grupos de cuatro personas y explíqueles que van a practicar las cualidades y los requisitos de algunas profesiones de forma lúdica mediante un bingo muy sencillo. Pídales que cada uno escriba una profesión, elija tres cualidades de las cajitas y que las escriba en un papel. Invítelos a que previamente lean las cualidades de las cajitas y resuelva posibles dudas de sus alumnos. Explíqueles que empieza uno de los alumnos diciendo la profesión elegida. Los compañeros escriben en 30 segundos tres cualidades de las cajitas. Después el alumno que ha dicho la profesión, lee las cualidades que había escrito previamente. Si alguien tiene exactamente esas mismas cualidades, grita "¡bingo!" y gana esa ronda. Sobre el **enfoque lúdico** consulte la página 12 de esta Guía.
Sugerencia: Para darle un toque todavía más lúdico a la actividad, proponga un orden de intervenciones un poco original o divertido. Por ejemplo, dígales que se ordenen por alturas, de modo que empiece el más bajito o el más alto del grupo. O bien, por edad, orden alfabético, etc. Sobre distintas técnicas para **formar grupos** consulte la página 18 de esta Guía.
Solución: *abierta*

¡Consolidamos! Un reglamento para el teletrabajo en la empresa

Objetivos:
repasar los contenidos de la unidad a partir de un juego de roles – debatir y llegar a un acuerdo

Tarea:
a. Divida a la clase en dos grupos. Un grupo serán "los empleados" de una empresa. El otro grupo será "la gerencia". Explíqueles que tendrán que elaborar un reglamento para organizar el trabajo a distancia o en la modalidad "teletrabajo". Para ello, cada grupo tiene que ponerse de acuerdo y escribir una lista de condiciones para que sea posible el

teletrabajo. Anímelos a que se pongan en la piel de los empleados o de la gerencia para hacer el listado como se indica en el ejemplo. Pase por las mesas y ayúdelos en caso de ser necesario.
Solución: *abierta*

b. Pida a los dos grupos que expongan las condiciones que han escrito. Para ello, un portavoz de los empleados leerá la lista que han elaborado previamente. Después, un portavoz de la gerencia hará lo mismo. Sugiérales que tomen notas de las condiciones del otro grupo para que discutan después en clase y lleguen a un acuerdo. Un voluntario toma nota de las medidas acordadas en la pizarra o en una hoja, y las va resumiendo en forma de reglamento, tal y como se ilustra en el margen de la página.
Solución: *abierta*

Tendiendo puentes
"Aquí se camella, pero la pasamos bien"

Objetivos:
ejercitar la comprensión lectora – aprender algunas diferencias léxicas entre las distintas variantes del español en un registro coloquial – conocer diferencias socioculturales en el ámbito del trabajo entre España y algunos países de Latinoamérica – ejercitar la interacción oral

a. Forme parejas. Pídales que se fijen en el título del artículo y en las fotos, y que comenten con su compañero de qué creen que tratará. Una vez hechas algunas hipótesis, que puede recoger en la pizarra, indíqueles que lean el artículo cada uno en silencio y de forma individual y que después, en interacción con su compañero, comprueben sus hipótesis iniciales. Pídales asimismo que respondan a la pregunta de la instrucción *¿Cuál de las fotos representa mejor la idea principal del texto?* y que justifiquen su respuesta. Haga una discusión final en el pleno con las opiniones de todos.
Solución posible: *Yo creo que el artículo trata de la forma de trabajar en distintos países. En el artículo se presentan algunos malentendidos entre un español y sus colegas latinoamericanos en una empresa inglesa. Para mí la foto 3 es la que refleja mejor la idea principal del texto porque en ella se ve que dos personas están intentando entenderse a pesar de sus diferencias lingüísticas.*

b. Pídales que lean el artículo otra vez de forma individual y que busquen qué términos se utilizan en él para las palabras recogidas en la actividad. Antes de resolver en el pleno, deje que comparen las soluciones con un compañero.

Ficha fotocopiable 1

Solución: <u>1. dinero</u>: <u>España</u>: pasta, <u>México</u>: lana; <u>2. trabajar</u>: <u>España</u>: currar, <u>Colombia</u>: camellar; <u>3. fontanero</u>: <u>Chile</u>: gásfiter, <u>Otros países</u>: plomero; <u>4. caos</u>: <u>Argentina</u>: quilombo

c. Es el momento de que los alumnos reflexionen sobre su propia lengua. Pregúnteles qué otras palabras o expresiones existen en su lengua para referirse al trabajo y al dinero, además de las palabras neutras o estándares. Anímelos a que le expliquen a usted las diferencias entre esas palabras, por ejemplo, diferencias dialectales, de registro o edad, etc. Participe de forma activa, conversando con sus alumnos.
Solución: *abierta*

Unidad 1, Actividad 6c

Abreviaturas y símbolos para la corrección de textos escritos: una propuesta

Gr	error gramatical: género, número, forma verbal
Con	problemas de concordancia: sustantivo – adjetivo / sujeto – verbo
T/M	uso de un tiempo o modo verbal inadecuado
Prep	preposición inadecuada
Lex	palabra inadecuada
Fr	orden de la frase inadecuado
O	falta de ortografía o de tilde
?	problemas de lógica o de comprensión

… ¡Qué ilusión! 4

> **Comunicación:** hablar sobre la felicidad, expresar alegría, tristeza y decepción sobre hechos pasados relacionados con el momento actual, hablar de las distintas etapas de la vida, expresar causa y consecuencia
> **Gramática y léxico:** el pretérito perfecto de subjuntivo: formas y uso para expresar alegría, tristeza y decepción, contraste entre el uso del pretérito perfecto de subjuntivo y el pretérito imperfecto de subjuntivo, las oraciones causales y consecutivas y sus conectores, léxico con actividades y acciones positivas

1 Momentos de felicidad

Objetivos:
hablar de momentos y situaciones que nos producen felicidad – ejercitar la interacción oral – ejercitar la interacción escrita

Actividad previa: Lea en voz alta el título de esta unidad *¡Qué ilusión!*. Asegúrese de que sus alumnos entienden la palabra "ilusión" en este contexto. Si no entienden el significado de "ilusión", dígales que es una emoción muy positiva y que equivale a *alegría por algo, por algo que hace alguien o por algo que va a ocurrir*. Después, pregúnteles qué esperan aprender en una unidad que lleva ese título. Para hacer hipótesis, puede sugerirles que utilicen el futuro simple, que aprendieron en *Impresiones B1* en la Unidad 4. Escriba algún ejemplo en la pizarra: *Yo creo que trataremos el tema de… / Seguramente hablaremos de…* Anímelos a participar en la puesta en común y después, lea los objetivos de la Unidad en voz alta.

1a. Indíqueles que miren las fotos y que hablen en pleno sobre los motivos que pueden tener las personas para sentirse felices. Lea la muestra de lengua en voz alta.
Solución: *abierta*

1b. Forme parejas. Pídales que hagan una lluvia de ideas sobre las cosas que les producen felicidad y sugiérales que lean los ejemplos. Al final, haga una puesta en común.
Solución: *abierta*

Variación: Si tiene tiempo y le parece oportuno, puede indicarles a las parejas de **1b** que hagan la lluvia de ideas, pero que cada uno escriba los resultados en una hoja aparte. Cuando hayan terminado, pídales que cambien de pareja con su hoja en la mano y que comparen su lluvia de ideas con la de la otra pareja. Sugiérales que añadan más "momentos de felicidad". Haga una puesta en común al final con los resultados de todos.

1c. La siguiente actividad está pensada para fomentar la cohesión en el grupo y crear "momentos felices" también en clase. Explique a sus alumnos que van a tener ocasión de hacer regalos a sus compañeros, pero que se trata de regalos inmateriales: son momentos de felicidad para disfrutar juntos. Pídales que cada uno escriba en una tarjeta o en una hoja un regalo que quiere hacer sin poner su nombre. Adviértales de que el regalo no se dirige a nadie en especial. Remítalos al ejemplo del margen para que entiendan mejor qué se espera. Si lo considera necesario, recuérdeles que en la Unidad 3 aprendieron a expresar deseos como el del ejemplo con el condicional simple y el pretérito imperfecto de subjuntivo.
Cuando hayan terminado, recoja las tarjetas de todos y repártalas entre los alumnos. A continuación, pídales que lean uno por uno en voz alta la tarjeta que le ha tocado y que intente adivinar de quién es el regalo, es decir, quién la ha escrito. Además, anímelos a que hablen más, justificando por qué creen que es de esa persona y no de otra. Lea la muestra de lengua de esta fase de la actividad antes de empezar.
Solución: *abierta*
Sugerencia: En estas actividades de tipo afectivo, evite corregir o intervenir. Déjeles simplemente disfrutar e interactuar sin ningún tipo de presión, como observador atento de la actividad. Si lo considera necesario, tome nota de errores recurrentes y coméntelos al final de la actividad.

2 El día de la felicidad

Objetivos:
hablar del "Día internacional de la Felicidad" y de la felicidad – ejercitar la comprensión oral – expresar acuerdo o desacuerdo sobre distintas opiniones

2a. Informe a sus alumnos de que existe un "Día internacional de la Felicidad". Después pregunte en el pleno si alguien lo conoce, si conocen su origen o por qué se creó y cómo se imaginan que se celebra. Lea el ejemplo para inspirarles en la producción oral en el pleno.
Solución: *abierta*

¡QUÉ ILUSIÓN!

2b. Esta actividad tiene dos partes. En la primera parte, indíqueles que van a escuchar un programa de radio sobre el "Día de la Felicidad", que presten atención y que tomen notas. En la segunda parte, pídales que lean el texto informativo de forma individual y en silencio, y que a partir de lo que han entendido del programa de radio, corrijan los datos del texto que no son correctos. Al final, resuelva en el pleno con las aportaciones de un voluntario.
Solución: *La ONU **no** decidió celebrar el Día de la Felicidad en 1970, sino en **2012**.; "Cuidar nuestra alimentación o darse algún capricho de vez en cuando" **no** se menciona en el programa.*
Variación: También puede hacer la actividad al revés. Pídales que primero lean el texto informativo y que después escuchen la audición. Sugiérales que comparen lo que leen con lo que oyen, y que corrijan en el texto lo que no coincide. Al final, resuelva el ejercicio en el pleno o invítelos a que lo comprueben primero en parejas.

2c. Contextualice la actividad contando que algunos oyentes del programa han participado y explicado lo que es para ellos la felicidad. Sus alumnos escuchan y marcan los temas que mencionan los oyentes. Antes de poner la audición, deje que lean con calma los temas de forma individual y en silencio, y aclare posibles dudas. Después ponga la audición. Debería ser suficiente una sola vez. Aclare que en esta primera escucha no tienen que entenderlo todo, sino solo los temas que menciona cada participante. En el siguiente ejercicio tendrán ocasión de hacer una escucha detallada y de tomar notas. Para finalizar, deje que un voluntario diga las soluciones en voz alta.
Solución: *1, 2, 5, 7, 8, 9, 10, 11*

2d. Pídales que escuchen otra vez y que tomen notas de lo que dicen las personas. A partir de esas notas, anímelos a que expliquen con quién están más de acuerdo y por qué. Propicie el intercambio de opiniones en el pleno moderando la discusión.
Solución: *abierta*
Sugerencia: ¿Conoce las galletas "oreo"? No solo son deliciosas, sino que se pueden utilizar en clase para estructurar un pequeño debate. Pregunte a sus alumnos si conocen estas galletas y si les gustan. Lleve una a clase para crear curiosidad y captar su atención. Después explíqueles que antes de empezar la discusión, organizarán sus opiniones a partir de las cuatro letras de la **O**pinión inicial, **R**azones, **E**jemplos, **O**pinión final. Fotocopie y reparta la **ficha fotocopiable 2** de la página 74 de esta guía para que tomen nota de sus argumentos. Después anímelos a conversar con toda la clase o en grupos.

4 ¡QUÉ ILUSIÓN!

Sugerencia: En las audiciones de la actividad **2c** aparecen algunas expresiones idiomáticas relacionadas con la felicidad. Puede terminar esta secuencia, dirigiendo la atención de los alumnos al cuadro *Expresiones idiomáticas*, en el que se explica su significado. Pregúnteles si las conocían y si existen en su lengua expresiones de este tipo para hablar de la felicidad.

3 Pequeñas cosas que nos hacen felices... o no

Objetivos:
aprender cómo se expresa alegría, tristeza y decepción sobre hechos pasados relacionados con el momento actual – presentar las formas y el uso del pretérito perfecto de subjuntivo para expresar sentimientos

3a. Introduzca la actividad explicando que no todo en la vida es siempre "felicidad", y que en esta actividad van a aprender también a expresar tristeza y decepción. Pídales que se fijen en las ilustraciones. Indíqueles que estas imágenes ilustran tres diálogos breves de la página siguiente. Pase a la página siguiente y pídales que formen diálogos uniendo las frases de la izquierda con las correspondientes de la derecha. Una vez formados los diálogos, vuelva a la página anterior y pídales que los relacionen con las ilustraciones.
Después, pida a unos voluntarios que lean los diálogos que han formado y que digan con qué ilustración se relacionan.
Solución: *A – 1 – c; B – 3 – a; C – 2 – b*

3b. En los diálogos, los hablantes expresan distintos estados de ánimo. Esta actividad supone un primer paso para sensibilizar sobre el uso de un tiempo nuevo: el pretérito perfecto de subjuntivo. Para ello, pida a sus alumnos que lean las frases del ejercicio y que las completen con la información de los diálogos de **3a**.
Solución: *1. ilustración A: les hayan denegado el crédito.; 2. ilustración B: han cerrado el restaurante. → que hayan cerrado el restaurante.;*
3. ilustración C: se alegran porque su hijo ha vuelto a casa por Navidad.
→ Los padres se alegran de que su hijo haya vuelto a casa por Navidad.
Sugerencia: Sería importante que sus alumnos comprendieran la relación temporal que existe entre el pretérito perfecto de subjuntivo en el uso que se está trabajando en esta unidad y el pretérito perfecto de indicativo (en ambos casos se trata de acciones pasadas relacionadas con el momento actual). Para ello, puede escribir los ejemplos del ejercicio **3b** en la pizarra siguiendo este esquema.

¡QUÉ ILUSIÓN! **4**

¿Qué ha pasado?	¿Cómo están o reaccionan las personas?
1. A las chicas **les han denegado** el crédito.	→ Están decepcionadísimas de que se lo **hayan denegado**.
2. **Han cerrado** el restaurante.	→ El chico está triste de que lo **hayan cerrado**.
3. El chico **ha vuelto** a casa.	→ Los padres se alegran de que **haya vuelto** a casa.

3c. Seguramente sus alumnos habrán entendido ya el uso del pretérito perfecto de subjuntivo. De todas formas, sistematice y reflexione con ellos el uso de este tiempo mediante *Mi gramática*. Pídales que lean otra vez las frases de **3b** y la explicación de *Mi gramática*, y que marquen la opción correcta. Después resuelva en el pleno y lea con ellos a modo de resumen final el cuadro *Expresar alegría, tristeza y decepción sobre hechos pasados relacionados con el momento actual*.
Solución: *pasadas; actuales*
Sugerencia: Antes de pasar a la siguiente actividad, remítalos al cuadro *Pretérito perfecto de subjuntivo*, en el que se explica la formación de este tiempo.

3d. Indíqueles que ahora van a poder hablar sobre la semana de Gema. Para ello, pídales que lean las frases y que cuenten lo que le ha dado alegría y lo que no a esta chica. Anímelos a escribir las frases siguiendo el ejemplo. Después de un rato, nombre a algunos voluntarios para que lean las frases en el pleno.
Solución: *1. A Gema le ha hecho mucha ilusión que esta mañana su jefa la haya felicitado por su valiosa colaboración en el proyecto.; 2. Le ha dado alegría / Le ha hecho ilusión que este sábado sus amigos le hayan preparado una fiesta sorpresa por su cumpleaños.; 3. No le ha alegrado / Le ha dado pena que Clara, su compañera de trabajo, haya estado enferma esta semana y no hayan salido juntas a comer.; 4. Le ha dado pena que sus vecinos se hayan mudado hoy a otro barrio. Les va a echar mucho de menos.*

4 Los pensamientos de Quique

Objetivos:
reflexionar sobre el uso del pretérito perfecto de subjuntivo y del pretérito imperfecto de subjuntivo – hablar sobre momentos pasados que han hecho o hicieron feliz o no a un personaje conocido

4 ¡QUÉ ILUSIÓN!

4a. Cuénteles que van a conocer los momentos felices y tristes de la vida de Quique. Infórmeles de que Quique es la forma familiar de Enrique y que es el señor que aparece en la foto. Pídales que lean el comienzo de unas frases en la columna de la izquierda y que busquen la continuación lógica a cada frase en la columna de la derecha. Déjeles tiempo para que lean y pase por las mesas para resolver preguntas. Después pida a distintos voluntarios que lean las frases resultantes en voz alta.
Solución: *1 – b; 2 – d; 3 – f; 4 – e; 5 – c; 6 – a*

4b. Ahora reflexionarán de forma individual sobre el uso del pretérito perfecto de subjuntivo y del pretérito imperfecto de subjuntivo. Dígales que subrayen los momentos en los que ocurrieron los acontecimientos en las frases de **4a**, que lean *Mi gramática* y que marquen la opción adecuada. Sugiérales que se fijen en los marcadores temporales de las frases de **4a**.

Para resolver, pida a un voluntario que diga los marcadores que ha subrayado en **4a** y anótelos usted en la pizarra acompañados del verbo correspondiente de cada frase. Después, explique con sus propias palabras a partir de los ejemplos de la pizarra de qué depende el uso de un tiempo o de otro.

Solución: *1 – b: de niño; 2 – d: cuando tenía quince años; 3 – f: cuando cumplí dieciocho años; 4 – e: este año; 5 – c: esta semana; 6 – a: hoy*
<u>Mi gramática</u>: *el perfecto de subjuntivo; el imperfecto de subjuntivo*
Sugerencia: Para explicar la diferencia, puede ser conveniente escribir las frases o los elementos más importantes en la pizarra:

¿Cuándo?	¿Qué ha pasado / pasó?	¿Cómo ha reaccionado /reaccionó Quique?
1. de niño	se **murió** su tortuga	→ Le dio pena que se **muriera** su tortuga.
2. cuando tenía quince años	sus padres le **dejaban** pasar las noches en casa de sus amigos	→ Le alegraba mucho que le **dejaran** pasar...
3. hoy	no les **han concedido** el crédito	→ Están muy decepcionados de que no les **hayan concedido** el crédito.

4c. Forme parejas para practicar lo aprendido. Indíqueles que tienen que pensar en tres momentos pasados que han hecho o hicieron feliz o no a un personaje conocido, y que dos deben ser verdaderos y uno falso. Después pídales que cada uno se lo cuente a su compañero. Este tiene que encontrar la información falsa.
Solución: *abierta*

¡QUÉ ILUSIÓN! **4**

Actividad alternativa: ¡Nuestros momentos bonitos! Forme parejas y pídales que cada uno haga una tabla con tres columnas similar a la sugerida anteriormente en **4b**, y que piensen en cuatro acontecimientos felices, dos de ellos referidos al pasado pero relacionados con el presente, y los otros dos referidos al pasado sin relación con el presente. Dígales que en la columna de la izquierda tomen nota de cuándo tuvo lugar ese momento feliz. En la columna del medio, escriben lo que ha sucedido o sucedió; en la columna de la derecha, cómo reaccionaron. Recuérdeles que solo hablarán de momentos felices. A partir de las notas estructuradas en la tabla, pídales que interactúen con su compañero y anímelos a que añadan más detalles y reaccionen demostrando interés.

¿Cuándo?	¿Qué ha pasado / pasó?	¿Cómo ha reaccionado / reaccionó usted?
1. cuando era pequeña	mis padres hacían una fiesta en mi cumpleaños	→ A mí me daba mucha alegría que mis padres hicieran una fiesta en mi cumpleaños.
2 ...		
3		
4		

Solución posible: *A ver, empiezo yo. Cuando era pequeña me daba mucha alegría que mis padres hicieran una fiesta en mi cumpleaños. Decoraban la casa con globos, invitaban a mis amigos, venían mis abuelos. Era un día muy especial.*

5 La curva de la felicidad

Objetivos:
aprender vocabulario relacionado con las etapas de la vida de una persona – mediar y transmitir un texto informativo a un compañero – ejercitar la lectura en voz alta y la comprensión oral – ejercitar la comprensión lectora – practicar la lectura crítica de un texto y la interacción en grupos

5a. Forme parejas. Lea el título de la actividad "La curva de la felicidad" y pídales que contesten a las dos preguntas de la instrucción *¿Qué cree que es la curva de la felicidad?* y *¿En qué etapa de la vida son más felices las personas?*. Para contestar a la segunda pregunta, indíqueles que lean los nombres de las distintas etapas de la vida y que numeren las etapas de más feliz a menos feliz (1 – 5) según su opinión y que

¡QUÉ ILUSIÓN!

expliquen por qué. Deles tiempo para que realicen todas las tareas y después haga una puesta en común con toda la clase.
Solución: *abierta*

5b. A continuación tendrán que leer un artículo sobre la curva de la felicidad compartiendo la lectura con el compañero. Mantenga las parejas anteriores e indique que uno de ellos leerá en voz alta la parte A y el otro, la parte B. En la fase de lectura en voz alta, el otro compañero escucha y toma notas. Al final, comparan de forma individual sus notas con el texto, las corrigen y las completan.
Solución: *abierta*
Sugerencia: Tanto la mediación como la lectura en voz alta a otra persona fomentan el acercamiento y la cohesión. Sobre la **mediación** consulte la página 11 de esta Guía.

5c. Pídales a sus alumnos que contesten a las preguntas sobre ambos textos con las informaciones recibidas al leer y comprobar las notas en **5b**. Pueden hacer la actividad en interacción con el compañero.
Solución: *1. A partir de los 50 años.; 2. Porque en la infancia se vive sin preocupaciones, en la adolescencia descubrimos nuevas sensaciones, en la juventud tenemos toda la vida por delante y en la madurez conseguimos realizarnos personalmente y llegar a una estabilidad emocional y económica.; 3. Aunque la curva empieza a superar su punto más bajo a partir de los cincuenta años, sin embargo el cuerpo en esa edad ya no está en su mejor momento.; 4. El autor se basa en el hecho de que esta curva se ha observado en hombres y mujeres de todo el mundo, independientemente de su estado civil, educación o situación laboral. Además también se ha apreciado en chimpancés y orangutanes.; 5. Muchas personas se hacen cuestionamientos de tipo vital, hacen balances de resultados y logros. Además las personas están en un momento de gran esfuerzo profesional y privado y empiezan a pensar en la vejez.; 6. La salud, la familia, los amigos, el aprovechamiento pleno del tiempo.*
Sugerencia: Remita a sus alumnos al cuadro *Información*, en el que se presentan otros términos para referirse a algunas etapas de la vida. Indíqueles que algunos de ellos son despectivos.

5d. Forme grupos o realice la actividad con toda la clase. Anime a sus alumnos a que comenten la información del artículo de forma crítica, estableciendo una diferencia entre las ideas con las que están de acuerdo y con las que no. Sugiérales que justifiquen sus respuestas y propicie un debate espontáneo. Sobre la **competencia crítica** consulte la página 12 de esta Guía.
Solución: *abierta*

¡QUÉ ILUSIÓN! 4

6 Causas y consecuencias

Objetivos:
expresar causa y consecuencia – aprender conectores nuevos de causa y consecuencia y su uso – ejercitar la comprensión lectora, la expresión escrita, la comprensión oral y la interacción oral

6a. En esta actividad se explotará aún más el artículo de **5b** desde el punto de vista lingüístico con el análisis de las formas que expresan causa y consecuencia. Para ello pida a sus alumnos que se fijen en los conectores que aparecen en cursiva en el artículo de **5b** y que los clasifiquen según expresen causa o consecuencia. Sugiérales que los escriban en las líneas pensadas para ello, en las que ya hay algunos ejemplos. Además de escribir los conectores, pídales que observen en el texto cuál de ellos va seguido de subjuntivo, y, por último, que reflexionen sobre posibles equivalentes de estos conectores en su lengua. Haga una puesta en común escribiendo en la pizarra los conectores que digan sus alumnos.
Solución: <u>conectores de causa:</u> porque, ya que, debido a que, puesto que, como; <u>conectores de consecuencia:</u> con lo que, por lo tanto, de manera que, por eso, de ahí que.
El conector **de ahí que** va seguido de subjuntivo.

6b. Forme parejas. Infórmeles de que en este ejercicio tendrán la oportunidad de practicar distintas actividades comunicativas: lectura y comprensión de las fichas, producción escrita, comprensión oral del texto escrito y leído en voz alta por el compañero e intercambio oral final sobre la vida de las personas y sus etapas más felices.
Pídales que cada uno elija a una de las personas que se presentan en las fichas y que escriban un texto sobre ella a partir de la información dada. Una vez escrito el texto, dígales que tienen que leérselo a su compañero y que este escuchará y dará su opinión sobre la vida de esa persona decidiendo qué etapa fue más feliz para ella y por qué. No es necesario que haga una puesta en común, pero, si lo considera oportuno y sus alumnos están de acuerdo, recoja los textos que han escrito y corríjalos hasta el próximo día. En este caso, avíseles primero y deles la opción de poder entregar los textos o no. Sobre la **producción escrita** consulte la página 15 de esta Guía. Para corregir el texto puede utilizar la **ficha fotocopiable 1** de la página 54 de esta Guía.
Solución: *abierta*

¡Consolidamos! Nuestro muro de la felicidad

Objetivos:
repasar los contenidos de la unidad – negociar con toda la clase – interactuar de forma oral

Tarea:
a. Explique el objetivo y el producto final de la actividad: hacer un mural de la clase con momentos felices de todos. Después pídales que se pongan de acuerdo y que se decidan por una etapa de la vida sobre la que harán el mural. Anímelos a que negocien con los demás. Si tiene una clase numerosa, valore la posibilidad de dividir a sus alumnos previamente en grupos. Lea con ellos la muestra de lengua para guiarles en la negociación o pida a dos voluntarios que la lean. Escuche sus intervenciones y siga con atención la discusión.
Solución: *abierta*

b. Una vez decidida la etapa de la vida sobre la que quieren hacer el mural, pídales que escriban individualmente en dos tarjetas por separado dos aspectos que les hacían ilusión en esa etapa en relación a los temas propuestos en el ejercicio. No olvide decirles a sus alumnos que escriban su nombre en las tarjetas.
Solución: *abierta*

c. Cuando hayan terminado, pídales que se levanten y que cuelguen las tarjetas en la clase, en la pizarra o en una pared. Después, anímelos a que lean las tarjetas de sus compañeros y a que demuestren interés y se hagan preguntas. Invítelos a una reflexión final sobre las experiencias comunes de algunos de los miembros de la clase, preguntándoles si coinciden en los momentos felices. Sugiérales que lean previamente el diálogo de muestra para que entiendan mejor lo que se espera de ellos en esta última fase de la unidad. Remítalos al modelo de "Muro de la felicidad" del margen de la derecha.
Solución: *abierta*

¡QUÉ ILUSIÓN!

Tendiendo puentes
La felicidad en la cultura azteca

Objetivos:
conocer aspectos de la cultura azteca y su forma de entender la felicidad – ejercitar la comprensión lectora – ejercitar la interacción oral

Actividad previa: Contextualice el tema de este *Tendiendo puentes* diciéndoles a sus alumnos que en esta actividad tendrán ocasión de conocer cómo entendían la felicidad los aztecas y de que quizás encontrarán algunas recomendaciones útiles para ellos.

a. Forme parejas. Pídales que hablen en general sobre lo que saben de la cultura azteca y que comenten las fotos.
Solución posible: *Yo creo que los aztecas son una civilización que se desarrolló en México antes de la llegada de los conquistadores españoles. Las fotos reflejan elementos de la cultura de los aztecas. En la foto 1 se ve la pirámide del Sol. Yo estuve allí hace unos años, está a unos cincuenta kilómetros de Ciudad de México, si no recuerdo mal.; Yo creo que la foto 2 es una especie de calendario de los aztecas.; En la foto 3 parece que se ve a un deportista jugando a la pelota dentro de la celebración del Día de los Muertos.*
Solución: Foto 1: Pirámide del Sol dentro del yacimiento arqueológico de la antigua ciudad de Teotihuacán, situado en el Estado de México a unos 45 kilómetros al noreste de la Ciudad de México, capital actual del país. La pirámide mide 63,4 m y se puede ascender a ella. El conjunto arqueológico es Patrimonio de la Humanidad por la Unesco.
Foto 2: Piedra del Sol, también conocida como Calendario Azteca. Puede admirarse en el Museo Nacional de Antropología e Historia de la Ciudad de México. Se supone que fue realizada entre 1250 y 1519 d. C.. Fue descubierta en 1790 en el subsuelo del Zócalo (plaza principal) de la Ciudad de México. En la Piedra del Sol se representa la cosmogonía azteca y su culto a distintos dioses. Mide 3,60 m de diámetro, tiene un grosor de 122 cm y un peso de 24 toneladas.
Foto 3: Juego de la pelota en la celebración del Día de los Muertos en la Ciudad de México. La celebración tiene lugar el 1 y 2 de noviembre y fue declarada Patrimonio Cultural Inmaterial de la Humanidad por la Unesco en 2008. El juego de pelota azteca se practicaba en todo el imperio y tenía carácter ritual en homenaje a alguna deidad. En algunos yacimientos arqueológicos se conservan todavía las canchas donde se practicaba.

4 ¡QUÉ ILUSIÓN!

b. Pídales que lean el artículo individualmente para conocer mejor la idea de la felicidad de la cultura azteca. Dígales que pongan su atención principalmente en la parte en la que se describe "la vida en la tierra" y en las frases que tratan acerca de cómo deber ser una "vida digna" para los aztecas, y que subrayen en el artículo las características que describen las dos "vidas". Para resolver, escriba en la pizarra: "La vida en la tierra" y "La vida digna", y anote las características que mencionen los alumnos.
Solución: *La vida en la tierra: Se interpretaba como una experiencia acompañada de dolor, tristeza y decepciones. La felicidad era incierta y momentánea.; La vida digna: Era una vida "arraigada" o "enraizada", que se lograba si se alcanzaban los cuatro niveles siguientes y en este orden: en primer lugar, el cuidado del cuerpo; en segundo lugar, el cuidado de la mente; en tercer lugar, las relaciones personales y familiares; por último, el contacto con la naturaleza.*

c. Forme grupos juntando a dos parejas. Pídales que comenten las ideas de la teoría de la felicidad de los aztecas y que piensen si las practican o si les gustaría practicarlas en su vida diaria y por qué. Pase por los grupos y participe, si lo desea, moderando las discusiones o aportando sus ideas personales.
Solución: *abierta*
Información: El imperio azteca se desarrolló entre 1325 y 1521 en el centro del Valle de México. En su momento de mayor expansión llegó a ocupar un territorio de unos 300.000 kilómetros cuadrados y contó con una población de aproximadamente siete millones de habitantes. Su capital fue Tenochtitlán. Su dios principal era Quetzalcóatl representado habitualmente como una serpiente emplumada. Era el dios de la vida, la luz, la fertilidad y el conocimiento. También adoptaron dioses relacionados con fenómenos naturales como Tláloc, dios de la lluvia, o Huehueteotl, dios del frío y del fuego. Además adoraban al sol, la luna y el maíz.
La economía azteca se basaba en la agricultura, el comercio y los tributos de los pueblos que conquistaban. Un aspecto a destacar de la agricultura es que creaban chinampas o islas artificiales en lagos y canales para conseguir tierra fértil. En *Impresiones B1* se describe esta forma ecológica de cultivo, que sigue practicándose hoy en día (*Impresiones B1, Déjate sorprender*, "Xochimilco, ecología con más de 2000 años", Unidad 6, página 59).

Panorama 1　P1

Un paso más

Objetivo:
repasar de manera lúdica los contenidos de las primeras cuatro unidades

En la página 8 de la presente Guía, encontrará una explicación de los objetivos de las **páginas ¡A jugar!** de los tres *Panoramas*.

¿Cómo se juega?
Forme grupos de tres personas, cada persona necesita una figura y cada equipo un dado. Por turnos, tiran el dado y avanzan el número de casillas que indique el dado. El alumno en turno lee y soluciona la tarea que se especifica en la parte de abajo de la página. Si la tarea se resuelve satisfactoriamente, se queda en la casilla en la que se encuentra. Si no puede resolver la tarea o la resuelve incorrectamente, tiene que regresar a la casilla en la que estaba antes de tirar. Las casillas con borde ondulado son *Casillas Bono* y cuentan doble: se avanza una casilla. Gana la persona que llegue primero a la *Llegada*.

Solución: 1. "Soy guapo" es una cualidad que pertenece a mi persona; "estoy guapo" es un estado, es decir, "hoy, ahora, estoy guapo". p. ej.: *Todos los hijos de Alfonso y Susana son muy guapos, se parecen a su padre. / Esta camisa te queda muy bien. ¡Estás muy guapo!*; 2. me quedé, se puso; 3. p. ej.: *Cuando no conozco bien a una persona me vuelvo un poco antipático.; Me quedé callado para escucharte mejor.; ¿Por qué te pones roja?*; 4. p. ej.: *¡Sí, cuenta, cuenta!*; 6. dijeron, dijera; cocinaron, cocinara; 7. mantengan; 9. p. ej.: bilingüe, inclusiva, tradicional; 10. jugar, se quedaran; 11. p. ej.: buen sueldo, horarios flexibles, posibilidades de ascenso, trabajo creativo, trabajo seguro; 12. p. ej.: *¿Estás seguro? Si tú lo dices...*; 13. reducción, incentivo, conciliación; 14. emprendedor, eficiente; 15. trabajar, fueran; 17. hayas terminado; 18. adolescencia, madurez; 19. p. ej.: *La etapa de los 45 años recibe el nombre de la "crisis de la mediana edad", debido a que en esa etapa mucha gente siente pánico a envejecer. / Mucha gente de 45 años siente pánico a envejecer, de ahí que esta etapa reciba el nombre de la "crisis de la mediana edad".*; 20. rosa, cielo

P1 PANORAMA 1

1. Te leo un poema

Objetivos:
hablar de la lectura de poemas a otras personas – preparar la lectura

Esta actividad de prelectura sirve para contextualizar el tema de la página *¡A leer!* de este *Panorama 1*. En la página 8 de la presente Guía, encontrará una explicación de los objetivos de estas **páginas de lectura** de los tres *Panoramas*.
Forme grupos y propóngales que hablen de su relación con la lectura en voz alta a partir de las preguntas de la instrucción: *¿En qué situaciones le lee algo a alguien en voz alta?* y *¿Recuerdan cuándo leyó un poema en voz alta por última vez?* Pida a un voluntario que lea en voz alta la muestra de lengua antes de que empiece el intercambio de experiencias en los grupos.
Solución: *abierta*

2. Leemos

Objetivos:
ejercitar la compresión lectora – recitar un poema en voz alta – valorar cómo han recitado el poema los otros grupos

2a. Pida a sus alumnos que lean en silencio y de forma individual todo el poema y que hagan hipótesis sobre quién es Julia y por qué lo creen. Anímelos a que recurran a sus imágenes mentales para contestar a la última pregunta: *¿Cómo se la imagina?* Indíqueles que comparen sus hipótesis con un compañero. Después, haga una puesta en común y deje que intervengan algunos alumnos.
Solución posible: *Yo creo que Julia es una niña o una adolescente. Creo que todavía no ha vivido demasiado de la vida, porque en el poema se menciona la siguiente frase: "tendrás amigos, tendrás amor".; Yo me la imagino como la chica de la foto, una joven con las emociones, esperanzas y sentimientos lógicos de su edad.*

2b. A continuación, pídales a sus alumnos que lean el poema de nuevo en silencio e individualmente para hacer una comprensión lectora selectiva en la que relacionarán las estrofas del poema con uno o varios temas de los que aparecen en las cajitas. Indíqueles que hay varias posibilidades o "interpretaciones". Avíseles de que en este poema una estrofa se compone de tres versos y de que las estrofas están numeradas. Antes de resolver en pleno, deje que comparen los resultados con un compañero.
Solución posible: <u>Estrofa 1:</u> el destino de la vida; <u>Estrofa 2:</u> la desesperación; <u>Estrofa 3:</u> los recuerdos, la confianza; <u>Estrofa 4:</u> la esperanza, la felicidad; <u>Estrofa 5:</u> la solidaridad, el compromiso; <u>Estrofa 6:</u> la solidaridad, el compromiso; <u>Estrofa 7:</u> la resistencia; <u>Estrofa 8:</u> la resistencia, la confianza; <u>Estrofa 9:</u> la humildad, la sinceridad

2c. Forme grupos de tres alumnos. Pídales que cada uno elija tres estrofas diferentes y que las reciten en su grupo. Para prepararse, recomiéndeles que se fijen en la puntuación y en las pausas finales de cada verso, y que practiquen un poco antes y decidan cómo quieren leer esas estrofas. Después, cada uno recitará sus tres estrofas y los otros miembros del grupo escucharán y valorarán a continuación cómo lo han hecho los compañeros.
Sugerencia: Para motivarles en la realización de esta actividad, invítelos a que lean de forma individual o en parejas el cuadro *Estrategia* situado junto al poema. En él se describen las ventajas de leer en voz alta en la clase para practicar la pronunciación y la entonación, y, sobre todo, para crear lazos afectivos.

Información:
Palabras para Julia, publicado en 1979 y escrito por el poeta José Agustín Goytisolo (Barcelona, 1928–1999), es un poema muy conocido en España. El poeta se lo dedicó a su hija Julia, pero a la vez quiso con él recordar y hacerle un homenaje a su madre, que también se llamaba Julia, y que falleció en 1938 cuando José Agustín tenía diez años en un bombardeo de Barcelona por parte de la aviación franquista durante la Guerra Civil. Este poema es uno de los más recitados y cantados por muchas generaciones. El cantautor Paco Ibáñez le puso música a finales de los años 60, antes de su publicación, y muchos y grandes cantantes lo han interpretado hasta hoy, por ejemplo, Mercedes Sosa, Kiko Veneno, Bebe o Rosalía. Si tiene ocasión, le recomendamos que lleve a clase el vídeo disponible en Internet de la actuación de Rosalía cantando *Palabras para Julia* el 29 de noviembre de 2016 en Radio Barcelona, con motivo de la presentación del libro *Vull tot això* ("Quiero todo esto") de la editorial Angle.

3 Escribimos

Objetivos:
ejercitar la expresión escrita de un poema – analizar y valorar un texto poético

3a. Forme grupos. Puede mantener los mismos que han estado trabajando juntos en **2c**. Pídales que escriban un poema para otro grupo a partir de *Palabras para Julia*. Para ello, dígales que se decidan por un tema y elijan en total cuatro versos del poema de Goytisolo. Además, tienen que pensar a qué grupo le escribirán el poema. Después, indíqueles que adapten los versos al tema y al grupo que hayan elegido. Una vez escrito el poema, pídales que se lo den al otro grupo.

3b. Ahora, pídales que cada grupo lea el poema que ha recibido, y que lo analicen y valoren, dando respuesta a las preguntas de la instrucción *¿De qué tema trata?* y *¿Hay algo que les haya gustado especialmente?*. Invítelos a que lean la muestra de lengua antes de empezar. Además, para la realización de la tarea, sugiérales que uno de los miembros del grupo lea en voz alta el poema recibido. Para la interacción oral, recuérdeles que pueden usar el pretérito perfecto de subjuntivo.

Actividad adicional: Cuando hayan terminado de trabajar en grupos, haga una puesta en común en la que cada grupo leerá en voz alta los poemas que han recibido y donde todos tendrán la oportunidad de valorar todos los poemas de la clase.

Sugerencia: Sobre la **producción escrita** consulte la página 15 de esta Guía.

PANORAMA 1

1   ¿Superhéroes?

Objetivos:
contextualizar la temática del texto auditivo de la actividad 2 – ejercitar la interacción oral

Esta actividad de preaudición sirve para contextualizar el tema de la página ¡A escuchar!. En la página 8 de la presente Guía, encontrará una explicación de los objetivos de estas **páginas de comprensión oral** de los tres *Panoramas*.
Forme grupos. Observen en el pleno la imagen y explique que en esta actividad van a hablar de los "superhéroes" y de las "superheroínas". Pídales que lean de forma individual las distintas opiniones que aparecen en la actividad y que después interaccionen con los otros miembros del grupo contestando las preguntas que se indican en la instrucción. Lea la muestra de lengua antes de dejarles trabajar en grupos. Pase por las mesas e intervenga con preguntas o con ejemplos para animarlos a hablar.
Solución: *abierta*
Información:
El personaje del "superhéroe" y de la "superheroína" proviene del mundo de los cómics y está relacionado con el género de la ciencia ficción. El "superhéroe" surgió a finales de los años treinta en cómics de los Estados Unidos. Un superhéroe suele tener una doble identidad y poderes extraordinarios o "superpoderes". Normalmente tiene una misión importante: luchar por la justicia.

2   Todo oídos

Objetivos:
ejercitar la comprensión oral – desarrollar estrategias para mejorar la comprensión oral – ejercitar la interacción oral

2a. Forme parejas. Explíqueles que van a escuchar un pódcast y pídales que después de la audición resuman con el compañero el tema principal en una o dos frases y en forma de diálogo colaborativo. Sugiérales que lean la muestra de lengua antes de empezar. Después, deje que una pareja diga cuál es el tema principal según ellos.

Solución posible: *Nosotras creemos que el tema principal es la carga mental que sufren las personas a nivel privado y también a nivel profesional.*

2b. A continuación, pídales que de forma individual lean los temas y las preguntas que se presentan en las tarjetas. Anímelos a que elijan el tema según sus gustos e intereses, algo que fomentará la comprensión. Cuando hayan leído las preguntas sobre su tema, indíqueles que van a volver a escuchar la audición, pero que solo tienen que prestar atención al tema elegido y tomar notas para contestar a esas preguntas. No resuelva todavía la actividad, porque en la siguiente, los alumnos compartirán las respuestas con el compañero.
Solución: *Texto A: 1. Consiste en el desgaste psíquico que padecen algunas personas por tener que realizar muchas tareas a la vez, también tareas invisibles, que no aprecia nadie.; 2. Afecta sobre todo a las mujeres.; 3. Hacer una lista de todas las actividades que se realizan en la casa normalmente, también de las actividades que no se ven, pero en las que trabaja nuestra mente, y anotar al lado de cada actividad quién las realiza. Así se visualiza la igualdad o desigualdad en el reparto de tareas. Después se distribuyen de forma equitativa.; Texto B: 1. Existe una carga de tipo cognitivo y una de tipo psíquico. La carga cognitiva la padecen profesionales que tienen que concentrarse al máximo en su tarea, por ejemplo, los cirujanos o los bomberos. La carga psíquica es la que afecta más a la salud mental ligada a las tensiones en el trabajo, la toma de decisiones o al acoso o mobbing. 3. En algunas empresas se utilizan cuestionarios para medir esa carga mental en el trabajo. Es importante también que el trabajador pueda desconectar, como sucede en Francia gracias a la ley del "derecho a la desconexión laboral".*

2c. Pídales que ahora compartan con el compañero la información obtenida en **2b** y anotada en las respuestas.

3 Hablamos

Objetivos:
ejercitar la interacción oral – implicar la realidad del alumno

3a. Forme nuevos grupos. Pídales que se expresen libremente sobre el tema del ejercicio **2** y que den ejemplos sobre cómo vencen el estrés privado y profesional en tiempos difíciles. Lea la muestra de lengua antes. No es necesaria una puesta en común final, pero pase por las mesas y demuestre interés.
Solución: *abierta*

PANORAMA 1

Guía para conversar en español sin morir en el intento

Objetivos:
elaborar una guía con recomendaciones – ejercitar la interacción oral – ejercitar la expresión escrita colaborativa – presentación oral de una guía – valorar propuestas – conversar de forma estratégica

Tarea:
Actividad previa: Explique a aquellos alumnos que todavía no conocen el manual, el objetivo de la actividad *¡A colaborar!*: realizar un proyecto colaborativo en grupos. Infórmeles de que en este panorama, al final de una serie de pasos, conseguirán elaborar una "guía" con recomendaciones para conversar en español. Pregúnteles si conocen la expresión sin "morir en el intento" y en el caso de que la desconozcan desvele su significado *(con éxito* o *sin volverse loco)*. Después, explique la actividad como indica la instrucción y aclare posibles dudas.

a. Forme grupos. Pídales que hagan una lluvia de ideas y tomen notas de las dificultades que suelen tener en las conversaciones en español, cómo las solventan y qué estrategias les funcionan bien. Mientras tanto, un portavoz toma notas de las aportaciones del grupo. Para ello utiliza la tabla de este ejercicio **a**. Remítales a la muestra de lengua para que se hagan una idea de cómo funciona la lluvia de ideas. Pase por las mesas, resuelva dudas o escuche activamente.

b. Pídales que a partir de los apuntes tomados, elaboren una guía de recomendaciones y que la presenten en clase. Remítalos al ejemplo del margen *Nuestra guía*.

c. Ahora cada grupo cuelga su guía en la pared o pizarra. Anímelos a que paseen, lean las distintas guías, las valoren y elijan las propuestas más prácticas y útiles para elaborar el producto final: "La guía de la clase". Para elegir las propuestas más prácticas y útiles, dele un rotulador a cada alumno y pídales que marquen en las guías dos propuestas. Las recomendaciones que obtengan más votos, pasarán a formar parte de la guía general de la clase.

d. Realice la actividad tal y como se propone el libro. Para facilitar la elección del tema, puede ir apuntando en la pizarra los temas que se trataron en las unidades 1 a 4 según vayan mencionando los alumnos.

Unidad 4, Actividad 2d

Estructurando mi argumentación

O
Opinión inicial

R
Razones

E
Ejemplos

R
Razones

O
Opinión final

Pegados al móvil 5

> **Comunicación:** hablar del uso del móvil y de Internet, expresar contraste y objeción, describir algo o a alguien que (no) conocemos, recursos para debatir
> **Gramática y léxico:** las oraciones concesivas, las oraciones de relativo con indicativo o subjuntivo, acciones y usos derivados del móvil y de otros dispositivos digitales, léxico relacionado con el Internet, generaciones y digitalización, programas y aplicaciones digitales, anglicismos en español

1 ¡Mi mano derecha!

Objetivos:
reactivar y ampliar el vocabulario de las funciones y los usos del móvil – hablar sobre el uso personal del móvil – expresar opinión y argumentar

Actividad previa: Lea el título de esta Unidad 5 y sus objetivos. Después, pregunte a sus alumnos si entienden la expresión figurada "estar pegado a algo". Para que se imaginen mejor qué quiere decir esta expresión, escriba en la pizarra palabras relacionadas, como por ejemplo *pegar, pegamento* o *pegatina*, y comente su significado. A partir de ahí no se les será difícil entender el significado de "estar pegado al móvil". El *DLE (Diccionario de la lengua española de la Real Academia Española)* define *pegado* de la siguiente manera: "Vinculado por el afecto o por un particular interés a alguien o a algo".

1a. Forme parejas. Lea el título de la actividad *¡Mi mano derecha!* y explique que para las personas de las fotos el móvil es "su mano derecha", es decir, es algo que las ayuda y apoya. Después, pídales que miren las cuatro fotos y que decidan cuál/es de las acciones de las cajitas están haciendo las personas. Anímelos a que se imaginen o justifiquen por qué con el móvil y no de otra forma, y a que, además, mencionen más funciones que les parezcan útiles con el móvil. Antes de que empiecen a trabajar, lea las expresiones de las cajitas en voz alta, lea la muestra de lengua y aclare posibles dudas. Haga una puesta en común al final.
Solución posible: *1. Yo creo que en la foto 1 las personas están intentando hacer una videollamada. En esa situación el móvil es útil porque así pueden ver a otras personas. Por ejemplo, el niño le está enseñando a su abuelo cómo hacer una videollamada con los padres del niño.;*
2. En la foto 2 se ve a un grupo de niños y niñas que quizás están compartiendo fotos o están jugando. En este caso el móvil es útil porque así los niños se comunican unos con otros y comparten actividades o juegos.;
3. En la foto 3 se ve a un chico joven que está con un amigo o con su

75

padre. Están haciéndose un selfi y a lo mejor lo van a compartir después con el resto de la familia. Es muy útil para que los demás reciban inmediatamente la foto.; 4. En la foto 4 una persona está participando en una teleconferencia con un médico. En esa situación el móvil es muy útil porque así el paciente no tiene que salir de casa si está enfermo.
Además, yo pienso que el móvil es muy útil para guardar la tarjeta de embarque cuando tienes que ir en avión. Hoy en día no todo el mundo tiene impresoras en casa para imprimir la tarjeta de embarque antes de un viaje.

1b. El objetivo de esta actividad es conocer la relación que tienen sus alumnos con el móvil. Para ello, pídales que lean las preguntas y que se las formulen al compañero. Luego al revés. Indíqueles que tienen que tomar notas de las respuestas. No haga una puesta en común cuando hayan terminado, porque en la actividad siguiente cada uno de ellos se encargará de hablar sobre el comportamiento del compañero en un grupo.

1c. Forme grupos. También puede juntar a dos parejas. Pídales que cada miembro de las parejas de **1b** cuente en el grupo qué tipo de relación de las indicadas en las cajas tiene su compañero con el móvil (*de amor y odio, de dependencia total o saludable*). Sugiérales que se apoyen en las notas que tomaron en **1b**. Pídales que lean la muestra de lengua antes de empezar la actividad. Ponga énfasis en que es importante que argumenten su opinión y, si es posible, la maticen, como en el ejemplo que se les da. Durante la interacción en grupos, pase por las mesas y observe cómo se desarrolla la actividad demostrando interés y escuchando en segundo plano. Anote posibles errores recurrentes y coméntelos al final. No es necesaria una puesta en común.
Sugerencia: Sobre el **papel del profesor** en las distintas actividades consulte la página 19 de esta Guía.
Solución: *abierta*

2 Generaciones y digitalización

Objetivos:
hablar de las generaciones a partir del año 1930 y de los acontecimientos históricos y sociales relacionados con ellas – hablar del uso de Internet según las generaciones – reactivar y ampliar los conectores concesivos – ejercitar la comprensión lectora – ejercitar la interacción oral

2a. Contextualice la secuencia explicando que en ella se tratarán las distintas generaciones que ha habido a partir de los años 30 hasta nuestros días y de su relación con la digitalización. El objetivo de esta primera actividad es hablar de los acontecimientos históricos y los aspectos de

PEGADOS AL MÓVIL

tipo social más importantes que caracterizan a cada generación a partir de 1930. Para ello, pida a sus alumnos que lean el texto de forma individual, y que relacionen las generaciones de la columna de la izquierda con las descripciones de la derecha. Cuando hayan terminado, invite a varios voluntarios a que lean las generaciones y las descripciones correspondientes en voz alta a modo de corrección.
Solución: *1. – Texto 4: Vivieron la Guerra Civil y la posguerra...; 2. – Texto 3: Hijos de una gran explosión demográfica...; 3. – Texto 1: En España esta generación estuvo marcada...; 4. – Texto 5: La Caída del Muro y la crisis económica marcó a los mileniales...; 5. – Texto 2: Preocupados por el futuro del planeta...*

Información:
La Fundación del Español Urgente ("Fundéu") recomienda el uso del término *milenial* o *milénico* en lugar del anglicismo *millennial* para las personas pertenecientes a la "generación Y", es decir, aquellas que nacieron en las dos últimas décadas del siglo veinte. *Milenial* es una palabra aguda y por lo tanto se pronuncia en la última sílaba: *mileNIÁL*. Su plural es *mileniales* (*mileNIÁles*). También es correcta la pronunciación como palabra llana: *miLÉnial*. En ese caso llevaría tilde: *milénial*. Su plural tendría una pronunciación esdrújula y llevaría tilde también: *miléniales*.

2b. Forme grupos de tres o cuatro personas. Realice la actividad como se indica en el libro. Antes de empezar, pida a los alumnos que lean la muestra de lengua. Mientras sus alumnos interaccionan, pase por las mesas, resuelva preguntas y demuestre interés.
Solución: *abierta*

Actividad adicional: Si le parece conveniente, haga una puesta en común, dejando que algunos alumnos cuenten a qué generación pertenecen y si están de acuerdo con la descripción de su generación.
Solución: *abierta*

2c. Explique a sus alumnos que van a leer la continuación del artículo. En ella se describe qué relación tiene cada generación con Internet y con la digitalización en general. Mantenga los grupos de la actividad anterior y pídales que, en primer lugar, cada uno lea el artículo de forma individual. Después, invítelos a que expliquen si se identifican con el uso de Internet descrito según su generación. Anímelos a que sean críticos con la información presentada en el texto y a que expresen si están de acuerdo o no con las afirmaciones. Antes de empezar, sugiérales que lean la muestra de lengua. Al final, puede hacer una puesta en común en forma de debate.
Sobre la **competencia crítica** consulte la página 12 de esta Guía.

2d. En esta última actividad de la secuencia se analizarán los conectores concesivos *aunque, a pesar de que* y *si bien*, así como la construcción

5 PEGADOS AL MÓVIL

aun + gerundio. Sus alumnos ya conocen el conector *aunque*. Remítalos al cuadro *¿Se acuerda?*, en el que se presenta un ejemplo de *aunque* de *Impresiones B1*. En el artículo de **2c** aparecen otros conectores que introducen oraciones concesivas. Las oraciones concesivas expresan un obstáculo, objeción o contraste con respecto a la información de la oración principal sin impedir su realización. Pida a sus alumnos que realicen la actividad como se indica en el libro. Resuelva la actividad con la participación de algunos voluntarios.

Solución: *1. Son realmente multicanales, **aunque** las personas de otras generaciones no siempre lo consideran positivo.; 2. **Aunque** ya eran adultos cuando Internet se popularizó, enseguida entendieron lo útil que resultaba para informarse.; 3. **Aun sabiendo** disfrutar también de la vida real, de los viajes y de la compañía de sus amigos, esta generación aprende idiomas, hace compras, realiza transacciones bancarias, hace cursos de yoga y controla las calorías de sus comidas con ayuda de aplicaciones en su móvil.; 4. **A pesar de que** siguen conservando su colección de cedés, casetes o deuvedés en algún rincón de su casa, en la actualidad tienen cuentas en canales privados de música y no se pierden sus series favoritas en servicios de streaming.*

3 Poniendo "peros" a todo

Objetivos:
presentar y practicar el uso del indicativo o del subjuntivo en las oraciones concesivas – ejercitar la interacción oral

Actividad previa: Asegúrese de que sus alumnos entienden lo que significa la expresión "poner peros", pidiéndoles que digan sinónimos. Escríbalos en la pizarra. Explíqueles que la conjunción adversativa *pero* puede sustantivarse y ser sinónimo del término *objeción*. Como sustantivo puede ir acompañado del artículo u otros determinantes y tener una forma del plural: *un pero, los peros, muchos/pocos peros*, etc.
Solución posible: *poner o buscar objeciones/obstáculos/inconvenientes/impedimentos, hacer críticas*

3a. En esta actividad se presenta y analiza el uso de *aunque* y *a pesar de que* con indicativo o con subjuntivo según la intención del hablante. Pida a sus alumnos que lean de forma individual las opiniones de Pedro y de Lucía, que reflexionen y que después subrayen la opción correcta en la explicación de *Mi gramática*. Sugiérales que comprueben con un compañero antes de que algún voluntario diga las soluciones. Para que se orienten mejor, indíqueles que los textos de Lucía con

PEGADOS AL MÓVIL   5

fondo verde son respuesta a las opiniones de Pedro, y que deben leer las opiniones de izquierda a derecha en forma de diálogo.
Solución: *indicativo; subjuntivo*
*Es posible que contesten a la pregunta "¿Cómo se expresan estas diferencias en su lengua?" mencionando los conectores concesivos del alemán **obwohl** y **selbst/auch wenn**. Normalmente **obwohl** equivale a **aunque / a pesar de que** + indicativo; **selbst wenn** se corresponde por lo general a **aunque / a pesar de que** + subjuntivo.*
Actividad adicional: Remita a sus alumnos al cuadro *Oraciones concesivas* y las explicaciones. Resuelva posibles dudas.

3b. Realice la actividad como se indica en el libro. Invite a algún voluntario a que lea sus frases a modo de corrección final.
Solución posible: *1. Aunque / A pesar de que el uso excesivo de Internet es bastante negativo para los jóvenes, los colegios están cada vez más digitalizados.; 2. Aunque / A pesar de que pueda hacer fotos con el móvil, sigo utilizando mi cámara cuando quiero hacer buenas fotos.; 3. Aunque / A pesar de que en un futuro todos tengamos una cuenta para escuchar música digital, yo no tiraré nunca mis cedés.; 4. Aunque / A pesar de que mi profesor de inglés ofrece clases en línea, prefiero hacer un curso presencial.*

3c. Forme grupos y pídales que den su opinión sobre la digitalización. Sugiérales que expresen matices distintos y diferenciados, por ejemplo, presentando una objeción o un contraste entre ideas con los conectores aprendidos. Anímelos a que usen el indicativo o el subjuntivo para expresar la concesión según su intención. Pase por las mesas y responda a las preguntas que surjan.

4 Programas y aplicaciones

Objetivos:
hablar de programas y aplicaciones digitales – describir algo que conocemos o no conocemos mediante una oración de relativo – analizar y descubrir el uso del indicativo o del subjuntivo en las oraciones de relativo – ejercitar la comprensión oral

4a. Forme parejas. Indíqueles que van a hablar de los distintos programas y aplicaciones que utilizan en sus dispositivos. Además del intercambio de experiencias, esta actividad tiene como objetivo prepararles para la comprensión oral de **4b**. Realice la actividad como se indica en el libro, pero antes de empezar, pídales a dos alumnos que lean en voz alta la muestra de lengua en forma de diálogo y aproveche los ejemplos que aparecen para tematizar el léxico relacionado con este tema, que qui-

5 PEGADOS AL MÓVIL

zás sus alumnos todavía no conozcan: *programas de tipo ofimático, hojas de cálculo, imprimir, instalar.* Amplíe este campo de vocabulario con otros términos según las necesidades de sus alumnos. Si le parece conveniente, fije en la pizarra todas las expresiones que vayan surgiendo en clase, de modo que cada alumno pueda hacer uso de ellas en el intercambio con su compañero.
Solución: *abierta*

4b. Realice la actividad como se indica en el libro. Ponga la audición dos veces si cree que es necesario. Después, deje que resuelva el ejercicio algún voluntario.
Soluciones: *Diálogo 1: busca una audioguía; para recorrer la Sagrada Familia en Barcelona; Diálogo 2: busca una aplicación buena; para grabar vídeos, editarlos y compartirlos en las redes sociales, cortarlos e incluir música; Diálogo 3: busca un programa de diseño gráfico; para hacer invitaciones originales para la fiesta de inauguración de su tienda de flores*
Sugerencia: Para que a sus alumnos les sea más fácil tomar notas mientras escuchan, copie en la pizarra la siguiente tabla, pero sin las soluciones. Así, en el momento de la corrección, podrá visualizar mejor los resultados de la comprensión oral anotándolos con la participación de algunos voluntarios.
Sobre la **comprensión oral** consulte la página 14 de esta Guía.

	¿Qué busca?	¿Para qué lo necesita?
Diálogo 1	una audioguía	recorrer la Sagrada Familia en Barcelona
Diálogo 2	una aplicación buena	grabar vídeos, editarlos y compartirlos en las redes sociales, cortarlos e incluir música
Diálogo 3	un programa de diseño gráfico	hacer invitaciones originales para la fiesta de inauguración de su tienda de flores

4c. Indique a sus alumnos que este ejercicio consta de varias fases. En la primera fase, tendrán que leer las frases que aparecen y que están incompletas. Avíseles de que las frases 1 y 2 se refieren al primer diálogo, la frase 3 se refiere al segundo diálogo, mientras que las frases 4 y 5, al tercero. Después escucharán la audición y completarán las frases.

PEGADOS AL MÓVIL   5

En la segunda fase, decidirán si las personas de los diálogos conocen ya los programas o las aplicaciones que mencionan o todavía no. Deles tiempo para que lean las frases antes de poner la audición, completen y escriban "sí" o "no" en las casillas. En una tercera fase, compararán los resultados con un compañero. Al final, resuelva en el pleno.
Solución: *1. La Alhambra (sí); 2. en detalle las partes de la basílica (no); 3. compartir vídeos en las redes sociales (no); 4. en Internet (sí); 5. igual de fácil (no).*

Sugerencia: Todos los pasos anteriormente descritos llevarán a sus alumnos a que descubran por sí solos, la diferencia que existe entre el uso del indicativo o del subjuntivo en las oraciones de relativo. Sería conveniente que tematizara con ellos el uso remitiéndolos al cuadro del margen *Describir algo que (no) conocemos*.

Actividad adicional I: Escriba las frases completas de **4c** en la pizarra en distintas columnas. La oración principal en una columna, la oración subordinada de relativo en otra. Subraye o marque el modo utilizado en las oraciones de relativo, utilizando colores distintos, por ejemplo, verde para las oraciones con indicativo y azul, para el subjuntivo. Al lado escriba "conoce o sabe que existe la aplicación / el programa", "no conoce o no sabe si existe la aplicación / el programa". Esta forma de visualización los ayudará a comprender el uso de un modo u otro en este tipo de oración subordinada.

1	Conoce una audioguía fantástica	con la que **visitó** La Alhambra.	conoce o sabe que existe la aplicación
2	Busca una aplicación	que le **explique** en detalle las partes de la basílica de la Sagrada Familia.	no conoce o no sabe si existe la aplicación
3	Quiere una aplicación	que le **permita** grabar, editar y compartir vídeos en las redes.	no conoce o no sabe si existe la aplicación
4	Ya ha utilizado un programa	que **encontró** en Internet.	conoce o sabe que existe el programa
5	Necesita uno	que **sea** igual de fácil...	no conoce o no sabe si existe el programa

5 PEGADOS AL MÓVIL

Actividad adicional II: En los diálogos aparecen muchos más términos relacionados con el campo léxico del uso de las aplicaciones o de los programas. Si lo considera oportuno, remita a sus alumnos a las transcripciones y pídales que lean los diálogos en parejas. Después, sugiérales que subrayen todas las palabras, expresiones o frases relacionadas con este campo. Anímelos a que aprendan las palabras en unidades significativas y dentro de un contexto determinado.
Sugerencia: Sobre las técnicas de **aprendizaje del léxico** consulte la página 20 de esta Guía.
Solución posible: *1. me bajé una aplicación; 2. cortarlos, editarlos, compartirlos, incluir música; 3. creé una cuenta, me registré, diseñar, guardar, la caja*

4d. Y ahora, ¡a practicar! Pida a sus alumnos que lean las frases de la columna de la izquierda y busquen la continuación en la columna de la derecha para formar frases completas. Además, pídales que conjuguen los verbos que están entre paréntesis en el modo adecuado. Resuelva invitando a algunos alumnos voluntarios a que digan las soluciones.
Solución: *1 – d: puedo; 2 – a: traduzca; 3 – c: me ayuda / me ha ayudado; 4 – e: me enseñe; 5 – b: me he bajado*

5 ¡Tres días sin móvil!

Objetivos:
hablar de la dependencia del móvil y de cómo sobrevivir sin él – ejercitar la comprensión lectora – ejercitar la expresión escrita – practicar la mediación

5a. Esta actividad de prelectura está pensada para contextualizar y crear expectativas de cara a la lectura del artículo de la actividad siguiente. Forme parejas y pídales que se imaginen estar unos días sin teléfono inteligente. Propóngales que piensen en las ventajas y las limitaciones que tendría estar desconectado. Lea la muestra de lengua o pida a dos alumnos voluntarios que la lean en voz alta para el resto de la clase.
Solución: *abierta*

5b. Ahora leerán un artículo de una periodista que cuenta su experiencia sin móvil o celular durante tres días. Pídales que lo lean de forma individual y en silencio, y que después contesten a las preguntas. Deles tiempo suficiente para que lean el artículo con calma y después pida a algunos alumnos que respondan a las preguntas en el pleno.
Solución posible: *1. Porque su jefa le propuso escribir sobre el tema. Además porque le pareció una experiencia interesante a nivel personal.; 2. Siente pánico. No sabe si podrá prescindir realmente de todas las acti-*

PEGADOS AL MÓVIL 5

vidades que realiza normalmente con el móvil o celular.; 3. Por ejemplo en el metro, cuando se da cuenta de que no puede leer nada. Tampoco puede comprobar los correos que ha recibido. Tiene que esperar a llegar al trabajo para leerlos en su ordenador. El sábado no puede consultar el tiempo que va a hacer. En el supermercado, mientras hace cola para pagar en la caja, no puede leer las noticias ni escuchar un pódcast, la radio, responder correos, enviar preguntas para una entrevista o hacer una transferencia bancaria. El domingo no puede ver las fotos que una amiga subió el día de antes, no puede ver los vídeos y memes que se han enviado sus contactos, leer los comentarios, no puede contestar, tampoco puede mirar la hora que es, o calcular algo o consultar el calendario.; 4. El viernes, en el metro se dedica a observar a los otros pasajeros. El sábado, para saber el tiempo que va a hacer mira por la ventana. El sábado, después de comer y tomar café, lee una revista. El domingo, cocina, da un paseo, ve una película en la televisión y juega un rato con sus hijos.

5c. A partir de la información del artículo de **5b**, pida a sus alumnos que escriban de forma individual un texto breve contando en primera persona cómo reaccionaría la periodista el lunes, cuando por fin puede volver a usar su móvil. Lea en voz alta el ejemplo del margen. Después de escribir el texto, pídales que se lo lean al compañero y que discutan las diferencias entre ellos. Si bien se trata de una actividad de escritura libre e imaginativa, corrija los textos de sus alumnos si ellos están de acuerdo.

Sugerencia: Para la **corrección de textos escritos** consulte la **ficha fotocopiable 1** en la página 54 de esta Guía.
Solución: *abierta*

6 ¿Desconectamos?

Objetivos:
presentar y trabajar algunos recursos lingüísticos del debate – debatir pidiendo la opinión, expresando (des)acuerdo o interrumpiendo – ejercitar la comprensión oral – ejercitar la interacción oral

6a. Antes de escuchar el texto auditivo, contextualícelo: cuente a sus alumnos que un grupo de amigos ha leído el reportaje de Ana Lacarra de **5b** y que han hablado sobre él haciendo propuestas concretas para limitar el uso del móvil. En primer lugar, lea en voz alta las frases del ejercicio que expresan las propuestas que mencionarán los hablantes en el diálogo. Después, indíqueles que van a escuchar el diálogo y que tienen que numerar las propuestas en orden de aparición. Ponga la

5   PEGADOS AL MÓVIL

audición dos veces si lo considera necesario. Al final, pida a un voluntario que resuelva la actividad.
Solución: *2. desinstalar aplicaciones; 4. apagar el móvil del todo; 3. limitar su uso; 1. desactivar las notificaciones*

6b. Pida a sus alumnos que lean de forma individual y en silencio las frases y expresiones del diálogo, y que marquen qué función tienen: pedir la opinión, expresar (des)acuerdo o interrumpir. Indíqueles que son frases y expresiones útiles para debatir. Recuérdeles asimismo que ya conocen algunas de otros niveles y de lecciones anteriores en *Impresiones B2*, y remítalos al cuadro *¿Se acuerda?*. Una vez realizada esta primera parte del ejercicio, ponga la audición otra vez, sugiérales que se fijen en la entonación y que comprueben la función de cada frase o expresión. Resuelva el ejercicio diciendo las soluciones o pida a un voluntario que lo haga. Antes de resolver en el pleno, pueden comparar los resultados en parejas.
Solución: *1. Pedir la opinión; 2. Expresar (des)acuerdo; 3. Interrumpir; 4. Expresar (des)acuerdo; 5. Expresar (des)acuerdo; 6. Pedir la opinión; 7. Interrumpir*

6c. En este ejercicio sus alumnos podrán debatir libremente sobre el tema de la digitalización utilizando los recursos aprendidos anteriormente y los que ya conocen de otras unidades y otros niveles. Puede remitirlos al cuadro *Debatir* para repasar los recursos necesarios. Forme grupos de tres personas, pídales que lean las situaciones de las fichas y que elijan una de ellas para realizar el debate. Antes de empezar con la interacción oral, sugiérales que tomen notas de los argumentos que quieren presentar. Mientras dure el debate en los grupos, pase por las mesas y solo intervenga en caso de que sea necesario. Simplemente anote los errores repetidos que comentará al final de la clase. Es importante que se sientan cómodos para exponer sus ideas.
Solución: *abierta*
Sugerencia: Si cuenta con un aula grande, coloque a los grupos con cierta distancia entre sí para que no se molesten o haya interferencias.
Variación: Para forzar un poco el uso de los recursos del debate, puede asignar roles en cada grupo. Un miembro del grupo es el "positivo y conciliador", es decir, está de acuerdo con los demás. Otro es el "negativo o crítico", es decir, siempre estará en contra. El tercero se encargará sobre todo de "interrumpir". Después pueden cambiar los papeles.

¡Consolidamos! Las aplicaciones de la clase

Objetivos:
repasar los contenidos de esta unidad – imaginar y describir una aplicación útil para distintas personas – presentar la aplicación y debatir

Tarea:
a. Forme grupos y explíqueles que van a imaginar una aplicación útil para un tipo de persona concreto de los que se proponen en el ejercicio: un/a estudiante universitario/-a, una persona que vive en el campo, una persona jubilada o una persona que vive en una gran ciudad. Remítalos a los criterios que deben tener en cuenta para diseñar la aplicación que aparecen en el cuadro del margen. Lea en voz alta la muestra de lengua o pida a dos voluntarios que la lean. Anímelos a negociar primero para qué tipo de persona van a diseñar la aplicación y que lo hagan, por supuesto, en español. Después, déjeles realizar la tarea en grupos y preparar la presentación.
Solución: *abierta*

b. Cada grupo presenta su aplicación. Mientras tanto, los demás escuchan y comentan las ventajas u objeciones que observan en ella. Sugiérales que utilicen los conectores concesivos que han aprendido en la unidad, así como las estructuras del debate.
Solución: *abierta*

Tendiendo puentes
Los anglicismos en el español, ¿una papa caliente?

Objetivos:
ejercitar la comprensión lectora – reflexionar sobre el uso de anglicismos en el español y las diferencias entre los distintos países hispanohablantes – hablar sobre el uso de anglicismos en el país de los alumnos y debatir

a. Forme parejas. Lea en voz alta el título de este Tendiendo puentes: *Los anglicismos en el español, ¿una papa caliente?*, y dirija la atención de los alumnos a las tres fotos. Pídales que hagan hipótesis sobre el tema del artículo a partir del título y de las fotos. Hacer hipótesis a partir del título de un texto o de los elementos gráficos es una estrategia de prelectura que facilita el acceso y la comprensión posterior de un texto. Sobre **la comprensión lectora** consulte la página 15 de esta guía.

5 PEGADOS AL MÓVIL

      Solución posible: *Yo creo que el artículo va a tratar de las palabras de origen inglés que se usan en español.*

- **b.** Pídales que lean el artículo de forma individual y en silencio. Sugiérales que guíen su lectura con el objetivo de responder a la pregunta *¿Qué razones se mencionan para el uso de anglicismos en el español?* y que subrayen las razones. Cuando todos hayan terminado, resuelva o deje que algunos voluntarios digan en la clase las razones que han subrayado.

   Solución: *En algunas regiones de Latinoamérica (...). Esto se debe a **la cercanía geográfica** con los Estados Unidos y la influencia política que desde el siglo XIX ejerce en la vida cotidiana de los latinoamericanos.*; *En el caso de España (...) los anglicismos están siendo cada vez más aceptados (...) **porque pueden resultar más prácticos y transparentes en la comunicación global**; Otra razón **es la necesidad de adaptarse y ser competitivo**. (...) así que **resulta más práctico** referirse al Benchmarking o Upselling, cuyas denominaciones en español son más largas y pueden resultar más imprecisas.; (...) en algunas regiones de Latinoamérica se han venido utilizando palabras en inglés como **símbolo de protesta**.*

   Sugerencia: Dado que se trata de un artículo bastante largo, es posible que haya distintos ritmos de lectura en la clase. Si observa que alguien ha terminado antes, diríjase a él de forma individual, si es que la situación del aula lo permite, y compruebe lo que ha subrayado en el texto o pregúntele si ha entendido todo o si tiene preguntas. En el caso de que haya dos alumnos sentados cerca uno de otro que han terminado antes de los demás, pídales que comparen los resultados entre sí antes de resolver en el pleno, para que no tengan que esperar y aprovechen el tiempo.

- **c.** Forme grupos. Pídales que escriban palabras del inglés que se utilizan en su lengua y en qué contextos o qué tipo de hablantes las usan. Invítelos a que piensen el motivo del uso de esos anglicismos en su opinión. Sugiérales que tomen notas. Después pídales que expongan los resultados en el pleno. Antes de empezar aconséjeles que lean la muestra de lengua, para que entiendan mejor la finalidad de la tarea.

   Solución: *abierta*

Mente sana en cuerpo sano 6

> **Comunicación:** hablar de actividades deportivas, expresar sensaciones físicas, dar consejos de forma atenuada, dar instrucciones, expresar finalidad
> **Gramática y léxico:** los verbos *sentarse, sentar* y *sentirse*, verbos y expresiones para indicar posiciones del cuerpo y cambios de postura, uso del condicional simple y del imperfecto de subjuntivo en consejos, las oraciones finales, léxico relacionado con los deportes, las sensaciones físicas, las partes del cuerpo y de la cara, los órganos internos del cuerpo humano

1 ¡Pero, qué deportistas!

Objetivos:
reactivar y ampliar el vocabulario de los deportes, de las actividades deportivas y de los accesorios para la realización de esos deportes – ejercitar la interacción oral

Actividad previa: Lea el título de esta Unidad 6 y los objetivos, haciendo hincapié en lo que los alumnos serán capaces de hacer en español al final de la unidad.

1a. Forme parejas y dirija la atención de los alumnos a las fotos. Pídales que lean en silencio el nombre de los objetos que aparecen en ellas. Después invítelos a que lean los nombres de los deportes de las cajitas y pídales que busquen en las fotos los accesorios que se necesitan para realizar esos deportes y que añadan otros accesorios que conozcan. Sugiérales que lean la muestra de lengua antes de empezar y deles tiempo para que realicen la actividad.

Solución: *Para hacer escalada se necesita un casco y también una cuerda.; Para hacer gimnasia se necesitan unas pesas, unas cintas elásticas y una colchoneta.; Para hacer / jugar al golf se necesita un palo de golf.; Para hacer esquí de fondo se necesitan unos esquíes.; Para hacer esquí alpino se necesitan unos esquíes y un casco.; Para hacer submarinismo/buceo se necesitan unas aletas.; Para jugar al baloncesto se necesita un balón.; Para jugar al tenis se necesita una pelota y una raqueta.; Para hacer ciclismo se necesita un casco y una bicicleta.; Para hacer pilates se necesitan unas cintas elásticas y una colchoneta.; Para hacer yoga se necesita una colchoneta.*

Actividad adicional: Si quiere practicar el vocabulario aprendido con sus alumnos, haga un pequeño concurso con toda la clase. Deles dos minutos para que lean otra vez el nombre de los accesorios de las fotos. Después pídales que cierren el libro. A continuación diga el nombre de

un deporte o actividad deportiva, y pídales que nombren tres accesorios necesarios. Anote un punto por cada respuesta correcta. Después, diga otro deporte y luego otro, hasta un total de 6 u 8 deportes.
¿Quién es más rápido y consigue decir al final más accesorios? Visualice los resultados como en el ejemplo siguiente con los nombres de los alumnos y anote los puntos. Después sume los puntos conseguidos y nombre un ganador al final.
Sobre el **aprendizaje del léxico** consulte la página 20 de esta Guía.

```
Marie     | | | | → 4
Luise     | | | | → 6 ¡CAMPEONA!
Antonio   | | |   → 3
...
```

1b. Forme grupos o junte a dos parejas. Pídales que hablen de los deportes que practican o han practicado alguna vez, y que expliquen dónde y en qué época del año los suelen practicar o los practicaban. Indíqueles que añadan también los accesorios de las fotos que tienen. Pida a dos voluntarios que lean la muestra de lengua antes de empezar. No es necesario hacer una puesta en común.
Solución: *abierta*

2 ¡Movete Argentina!

Objetivos:
hablar sobre ejercicios corporales – ampliar el léxico de los accesorios para la realización de ejercicios corporales – reactivar y ampliar el léxico de las partes del cuerpo – expresar sensaciones físicas – conocer la campaña del Gobierno argentino "¡Movete Argentina!" – ejercitar la comprensión oral

2a. Indique a sus alumnos que van a escuchar una entrevista con dos deportistas, Joana y Ramiro, que participan en la campaña del Gobierno argentino, "¡Movete!". Pídales que primero lean las preguntas a las que tendrán que responder mientras escuchan la entrevista. Después ponga la audición. Si lo cree necesario, ponga la audición dos veces. Deles tiempo para que contesten a las preguntas y resuelva pidiendo la participación de algunos voluntarios.
Solución: *1. Promover la actividad física de la gente desde sus casas.; 2. En distintos programas se harán entrevistas a deportistas de alto nivel. Ellos explicarán ejercicios sencillos para que la gente los haga en casa.; 3. Joana Angulo, deportista de bicicrós y medallista olímpica, y Ramiro*

MENTE SANA EN CUERPO SANO 6

Paredes, campeón de natación en tres ocasiones.; 4. *A través de los programas de radio.*

Información:
La idea de la entrevista radiofónica está inspirada en el programa del canal público argentino de televisión DEPORTV «¡Movete Argentina!» que empezó a retransmitirse en 2020 y está especialmente dedicado a los adultos mayores. El objetivo del programa es motivarlos a practicar ejercicios y rutinas saludables sin salir de casa. Además de su transmisión por televisión, pueden seguirse en Internet en distintas plataformas y redes sociales. Especialistas del ámbito de la medicina y del deporte son los responsables de los contenidos. Además, el programa cuenta con la participación de grandes deportistas argentinos y argentinas.

Información:
La forma *movete* es el imperativo del verbo pronominal *moverse* en la persona *vos*, segunda persona del singular en algunas regiones de Latinoamérica, por ejemplo en el río de la Plata. Se pronuncia *moVÉte* (equivaldría a *tú muévete*). El fenómeno del *voseo* es muy variado y distinto según las zonas, y suele producirse en algunos pronombres de la segunda persona del singular y en algunas formas verbales correspondientes, por ejemplo, en el presente de indicativo o en el imperativo: *vos te movés, movete*.

Sugerencia: Remita a sus alumnos al cuadro *Información* en el que aparecen algunas expresiones típicas del español hablado en Argentina.

2b. En esta segunda escucha sus alumnos tendrán que fijarse en las partes del cuerpo y en los accesorios que mencionan los dos deportistas entrevistados. Indíqueles que lean la tabla y que se fijen en las ilustraciones para entender los distintos tipos de ejercicios presentados. Asegúrese de que entienden el significado de los ejercicios y explíqueles que tienen que escuchar y completar la tabla con las partes del cuerpo que faltan y los accesorios. Ponga la audición y deles tiempo suficiente para que completen. Después deje que algún voluntario resuelva.
Solución: *hacer sentadillas*: piernas, espalda – pesas, dos botellas de agua; *hacer abdominales*: espalda, músculos del abdomen, músculos del estómago y del vientre – colchoneta; *hacer flexiones*: glúteos, brazos – pelota; *hacer estiramientos*: brazos – cintas elásticas; *hacer saltos*: piernas – cuerda

2c. Agustina y Facundo han realizado los ejercicios recomendados en "¡Movete Argentina!" y explican cómo se han sentido. Pida a sus alumnos que lean el diálogo de forma individual y en silencio, y que subrayen cómo se sienten Agustina y Facundo. Después resuelva o pídale a

un voluntario que diga las soluciones. Al final, remítalos al cuadro *Expresar sensaciones físicas* y lea los ejemplos en voz alta.
Solución: <u>Facundo</u>: *estoy un poco frustrado; lo de la pelota me mata; no puedo más; me siento fatal;* <u>Agustina</u>: *a mí me sienta rebién; me siento con muchísima energía; no me siento para nada cansada;* <u>Facundo</u>: *¡estoy agotado!; ¡mirá cómo estoy sudando!; ¡Horrible, che!; me van a doler los músculos; tanto ejercicio no me sienta bien;* <u>Agustina</u>: *Un poco de ejercicio no le viene mal a nadie.*

Sugerencia: Las formas de los verbos *sentar(se)* y *sentir(se)* pueden crear dudas en sus alumnos, principalmente porque la primera persona del presente de indicativo es igual para ambos verbos. Consulte su uso en la página de Recursos de la Unidad 6 (pág. 60) del manual *Impresiones B2* y escriba algunos ejemplos en la pizarra para que sus alumnos entiendan mejor las diferencias entre ambos verbos.

> Yo **me siento** aquí contigo. / Tú **te sientas** en la silla. → sentarse
> Lo **siento** mucho, no puedo llegar a tiempo. / María lo **siente** mucho. → sentir
> No **me siento** bien, me duele el estómago. / María no **se siente** bien. → sentirse

Además, el verbo *sentar* tiene una acepción en sentido figurado equivalente a *hacer bien/mal, ser adecuado* o *convenir*. En ese caso se construye con un pronombre de objeto indirecto y funciona como *gustar, encantar* o *parecer*: *No me sienta bien correr después de comer.*

2d. Forme grupos. Pídales que hablen de las actividades corporales que les sientan bien o no (verbo *sentar*). Indíqueles que expliquen con cuáles se sienten más cansados, alegres o con más energía (verbo *sentir*), y que lean la muestra de lengua antes de empezar. No es necesario hacer una puesta en común, pero pase por las mesas y demuestre interés.
Solución: *abierta*

3 La clase en movimiento

Objetivos:
hablar de las pausas activas – describir algunos ejercicios útiles para las pausas activas en clase – presentar algunos verbos y expresiones para indicar posiciones del cuerpo y cambio de postura – ejercitar la comprensión lectora – ejercitar la interacción y mediación oral – ejercitar la expresión escrita

MENTE SANA EN CUERPO SANO

3a. Forme parejas. Pídales que hagan hipótesis sobre lo que creen que son las "pausas activas" y qué objetivos tienen en los distintos ámbitos de la vida. Anote en la pizarra las hipótesis que hagan sus alumnos pero sin decir la solución. Invítelos después a que lean el artículo y que comprueben. Una vez leído el artículo y confirmadas las hipótesis, pregúnteles en el pleno si les gustaría hacer pausas activas en la clase de español.
Solución posible: *Yo creo que las "pausas activas" son momentos en los que se interrumpe brevemente la actividad que estemos haciendo para descansar, por ejemplo, cambiando de actividad o de postura. A mí sí me gustaría hacer una pausa activa en clase. Creo que después podría concentrarme mejor.*

3b. En esta actividad se presentan ejercicios corporales sencillos para realizar en clase. Pídales que lean los ejercicios de forma individual y en silencio, y que los relacionen con las ilustraciones. Una de ellas sobra. Indíqueles además que escriban en cada ejercicio qué creen que se consigue mejorar o practicar con él. Después resuelva o pida a un voluntario que resuelva. Al final puede tematizar las expresiones que aparecen en los textos para indicar acciones corporales y posiciones remitiéndolos al cuadro *Acciones y posiciones del cuerpo*.
Solución: *A – ejercicio 3; B – ejercicio 4; C – ejercicio 2; E – ejercicio 1; sobra el dibujo D*
Solución posible: *Con el ejercicio 1 se consigue practicar la concentración, la movilidad y la coordinación.; Con el ejercicio 2 se consigue fortalecer los brazos y la espalda.; Con el ejercicio 3 se consigue practicar la coordinación y la concentración.; Con el ejercicio 4 se fortalecen las piernas.*

3c. Ahora sus alumnos tendrán la posibilidad de probar ellos mismos los ejercicios de **3b** en parejas. Para ello, pídales que cada uno elija dos de las instrucciones de los ejercicios de **3b** y que se las lea en voz alta al compañero, primero una, luego la otra. Mientras que un alumno lee una instrucción de un ejercicio, el compañero escucha, parafrasea las indicaciones de la instrucción "haciéndolas suyas" y va realizando cada paso del ejercicio, es decir, hace una comprensión oral de lo leído por el compañero y una mediación con sus propias palabras. Después sigue el otro alumno con otro ejercicio y es el compañero el encargado de parafrasear y realizar la actividad. Y así sucesivamente con los otros dos ejercicios. Al final tienen que valorar cómo se han sentido. Sugiérales que lean la muestra lengua antes de empezar. Sobre la **mediación** consulte la página 11 de esta Guía.
Sugerencia: Distribuya a las parejas en el aula de modo que tengan espacio para realizar los ejercicios.

Solución posible: <u>Ejercicio 1:</u> *Primero me siento en la silla y pongo la espalda recta. Vale, ahora estiro los brazos hacia los lados y giro los dos brazos a la vez. Pero tengo que prestar atención y girar un brazo hacia atrás y el otro hacia adelante.;* <u>Ejercicio 2:</u> *A ver, me pongo de pie. Ya estoy de pie. Ahora sujeto la botella de agua con la mano derecha y levanto el brazo derecho estirado hacia un lado y con la botella en la mano en posición horizontal y aguanto unos segundos.;* <u>Ejercicio 3:</u> *Estoy de pie, de acuerdo. Ahora levanto el brazo derecho hacia adelante y lo estiro a la altura de la nariz. Bien, ahora dibujo un círculo con la mano de arriba a abajo haciendo una curva hacia el costado y a la derecha. Ya está. Y ahora en la otra dirección pero de abajo para arriba. Voy a intentarlo más deprisa.;* <u>Ejercicio 4:</u> *Bien, entonces me agacho con las piernas algo separadas como para hacer una sentadilla. Ya está. Ahora tengo que tomar impulso, saltar y estirar las piernas y el cuerpo. Tengo que apoyar los pies con cuidado en la caída. Y repetir el salto tres veces.*

Actividad adicional I: Haga una puesta en común para que sus alumnos puedan contar en el pleno cómo se han sentido.

Actividad adicional II: Dedíquele unos minutos al cuadro *Acciones y posiciones del cuerpo*, haciendo especial hincapié en las diferencias entre los verbos que indican una posición absoluta: *estar de pie (parado* en Latinoamérica) */sentado/tumbado/agachado*, etc. y los que indican un cambio de postura: *ponerse de pie (pararse* en Latinoamérica), *sentarse, tumbarse*, etc. Los verbos y expresiones de posición absoluta van acompañados del verbo *estar*, mientras que los verbos que indican cambio de postura suele ser pronominales.

3d. Mantenga las mismas parejas de la actividad anterior. Recuérdeles que en las ilustraciones de **3b** la ilustración **D** no tenía descripción. Pídales que describan por escrito el ejercicio que muestra esa ilustración. Después anímelos a que hablen en parejas sobre si el ejercicio les parece útil y qué se consigue con él. Haga una puesta en común pidiendo a algunos voluntarios que lean sus textos en voz alta y que comenten si el ejercicio es útil y qué beneficios tiene.

Solución posible: *Póngase de pie con las piernas abiertas y estiradas. Flexione el cuerpo hacia la derecha. Levante el brazo izquierdo y estírelo hacia la derecha todo lo que pueda. El brazo derecho se mantiene abajo junto a la pierna derecha. Yo creo que este ejercicio es bastante útil para estirar los músculos laterales de la espalda y para facilitar la movilidad.*

MENTE SANA EN CUERPO SANO

6

4 Todavía se puede mejorar

Objetivos:
hablar de cómo se sienten los alumnos al hacer ejercicios corporales – entender consejos de forma atenuada – sensibilizar acerca de las diferencias entre los consejos directos y los consejos atenuados – presentar y practicar el uso del condicional y del pretérito imperfecto de subjuntivo para expresar consejos atenuados – formular consejos atenuados – ejercitar la comprensión lectora – ejercitar la expresión escrita y la interacción oral

4a. Forme grupos. Intente que no coincidan las parejas de la secuencia anterior (secuencia **3**). Pídales que lean las recomendaciones presentadas, de forma individual y en silencio, y que después cada uno elija con qué recomendación se identifica más, tomando como referencia cómo se sintieron al realizar los ejercicios de la actividad **3c**. Anímelos a que hagan un intercambio espontáneo y a que sean críticos con las recomendaciones. Pase por las mesas y observe cómo realizan la actividad demostrando interés.
Solución: *abierta*

4b. Forme parejas. Pídales que subrayen las recomendaciones y los consejos que aparecen en los textos de **4a** y que intenten expresarlos de otra forma. Además, indíqueles que tienen que reflexionar sobre las diferencias entre las recomendaciones del texto y las suyas, y pensar cuáles son más corteses y cuáles son más directas. Al final resuelva la actividad con la participación de algunos alumnos voluntarios.
Solución: *Texto de la izquierda: Le aconsejaríamos que los tuviera en cuenta no solo en la clase de español sino también para relajarse de vez en cuando...; Texto del medio: ... lo mejor sería que buscara otro tipo de actividades para hacer en las pausas.; Texto de la derecha: De todas maneras sería importante que pensara en su salud de vez en cuando.*
Soluciones posibles para otras formulaciones: *Texto de la izquierda: Le aconsejamos que los tenga en cuenta... / ¿Qué tal si los tiene en cuenta...?; Texto del medio: Lo mejor es que busque... / Le recomendamos que busque...; Texto de la derecha: Es importante que piense en su salud... / ¿Por qué no piensa en su salud?*
Las recomendaciones de los textos son más corteses y menos directas que las otras. En los textos se atenúa la recomendación para no herir la sensibilidad del receptor.
Actividad adicional: Remita a sus alumnos a los cuadros del margen *¿Se acuerda?* y *Dar consejos de forma atenuada*, y compare en diálogo con sus alumnos las expresiones de ambos cuadros. Llame su atención acerca del uso del condicional y del pretérito imperfecto de subjuntivo

6 MENTE SANA EN CUERPO SANO

en la expresión de la atenuación o cortesía. Además, dirija su atención al cuadro *Estrategia* para explicarles que la forma atenuada es más distanciada y "prudente" que la forma neutra, es decir, en la forma atenuada el hablante intenta no herir al interlocutor y ser más amable.

4c. Forme grupos nuevos de cuatro o cinco alumnos. Distribuya cada grupo en mesas separadas una de la otra. Indíqueles que cada grupo trabajará de pie alrededor de una mesa. Explíqueles que cada miembro del grupo tiene que escribir en dos tarjetas u hojas separadas dos pretextos para no hacer más ejercicio físico, y que tiene que colocarlas encima de la mesa descubiertas. Una vez colocadas las tarjetas con los pretextos de todos encima de la mesa, cada uno las leerá todas y elegirá dos de ellas. En esas tarjetas elegidas, tendrán que escribir un consejo cortés o atenuado para el compañero, poner su nombre y devolver las tarjetas a la mesa. Al final, todos tienen que leer todas las tarjetas y comentar los pretextos y los consejos o recomendaciones de los compañeros. Lea el ejemplo de tarjeta y la muestra de lengua antes de empezar con la realización de la tarea.
Solución: *abierta*

5 Nuestro cuerpo en acción

Objetivos:
reactivar y ampliar el léxico de las partes del cuerpo – entender una instrucción por escrito para realizar una acción – ejercitar la comprensión lectora

5a. Forme parejas. Pídales que observen las ilustraciones de los tres nadadores y que completen los nombres de las partes del cuerpo que faltan, que seguramente conocerán de otros niveles y manuales, por ejemplo, de *Impresiones A2*, Unidad 8. Resuelva o pida a algún voluntario que resuelva la actividad en el pleno de la clase. Después, invítelos a que lean los nombres de las otras partes del cuerpo y que intenten memorizarlos todos. A continuación pídales que cierren el libro y los digan sin mirar.
Solución: <u>Ilustración de la izquierda:</u> el pie, la mano, los dedos; <u>Ilustración del medio:</u> la pierna, la cabeza, el brazo; <u>Ilustración de la derecha:</u> la espalda
Sugerencia: En esta unidad aparece mucho vocabulario nuevo que tendrá que repetir de vez en cuando con sus alumnos. Sobre el **aprendizaje del léxico** consulte la página 20 de esta guía.

5b. Forme grupos grandes o bien realice la actividad con toda la clase. Explíqueles que van a hacer una cadena de acciones relacionadas con

MENTE SANA EN CUERPO SANO 6

distintas partes del cuerpo y que deben situarse en la clase de forma que puedan verse todos. Empieza un alumno. Pídale que diga una parte del cuerpo. El compañero de la derecha tiene que decir una acción que se puede hacer con esa parte del cuerpo, a continuación el siguiente alumno dice otra acción y así sucesivamente. Después, otro alumno dice otra parte del cuerpo y los demás en cadena mencionan acciones relacionadas. Usted llevará el cálculo de las acciones que han ido surgiendo para poder responder a la pregunta ¿Con cuál (parte del cuerpo) se ha llegado a la cadena más larga?. Antes de empezar indíqueles que lean la muestra de lengua.
Solución: *abierta*

5c. En esta actividad sus alumnos tendrán la oportunidad de practicar más los nombres de las partes del cuerpo. Además, en el texto aparecen formas distintas de dar instrucciones, que se ampliarán y tematizarán en la actividad **6**. Pídales que lean el texto en silencio y de forma individual, y que adivinen qué acción de la vida cotidiana se describe. Indíqueles asimismo que subrayen los nombres de las partes del cuerpo que se ponen en movimiento. Resuelva pidiendo a algún voluntario que diga las soluciones.
Solución: *En el texto se describe la acción de ponerse unos pantalones. Partes del cuerpo que se ponen en movimiento: las piernas, las manos, un pie, la rodilla, la cadera, la espalda, la cintura, el dedo pulgar, el dedo índice*

6 Instrucciones

Objetivos:
entender instrucciones auditivas – saber distinguir instrucciones directas de instrucciones atenuadas – dar instrucciones para realizar una acción – ejercitar la comprensión oral – ejercitar la interacción oral

6a. Explique a sus alumnos que van a escuchar una instrucción que se refiere a una de las tres acciones que aparecen en el ejercicio. Indíqueles que lean las acciones y pídales que escuchen y que marquen a qué acción se refiere la instrucción. Ponga la audición, deles tiempo para marcar y después resuelva o deje que un voluntario lo haga.
Solución: *b*
Variación: Si quiere sacarle más provecho a la actividad, realícela en dos pasos con dos tipos de escucha diferente. En la primera escucha, pídales que marquen qué acción se describe en la instrucción ("comprensión global"). Para la segunda escucha, de tipo "detallado", pídales que tomen nota de los nombres de las partes del cuerpo y de su posi-

ción. Visualice la tarea a realizar mediante una tabla en la pizarra. Ponga la audición dos veces y, después de la segunda, complete la tabla de la pizarra con las respuestas de algunos voluntarios. Sobre la **comprensión oral** consulte la página 14 de esta Guía.

nombre de la parte del cuerpo	lugar o posición

Solución, primera escucha: b
Solución, segunda escucha:

nombre de la parte del cuerpo	lugar o posición
la espalda	apoyada en el respaldo, recta
los pies	deben tocar el suelo
las rodillas y la cadera	en ángulo recto
los brazos	en la mesa
las muñecas	en posición recta
los ojos	a la altura de la pantalla
la cabeza	a la altura de la pantalla, para no bajarla

6b. Forme grupos de tres o cuatro personas y dígales que se trata de una actividad lúdica y en movimiento. Lea en voz alta las acciones de las cajitas. Después explique la actividad. Un miembro de cada grupo empezará dando una instrucción para realizar una de las acciones de las cajitas. Los demás, seguirán las instrucciones realizando los movimientos correspondientes y después dirán de qué acción se trata. Antes de empezar, remítalos al cuadro del margen *Dar instrucciones* y sugiérales que las usen. Lea la muestra de lengua antes de que empiecen a trabajar en los grupos. No es necesaria una puesta en común, simplemente pase por las mesas y anímelos a moverse y, sobre todo, ¡a pasarlo bien con la actividad!
Solución posible: <u>abrir la puerta de la habitación y entrar:</u> *Primero, te pediría que te levantaras y que fueras hasta la puerta del aula. Después, sal del aula, pero antes, no te olvides de abrir la puerta. Cuando estés fuera, te pediría que entraras en el aula, pero no te olvides de llamar antes a la puerta.*; <u>caminar como un/a top model:</u> *A ver, ponte de pie y dirígete hasta el final del aula. Ponte derecho y con la cabeza levantada y mirando al frente. No te olvides de poner una cara seria y convencida. Entonces da unos pasos largos y haz una pausa para mostrar la ropa que llevas puesta.*; <u>darse crema solar y tumbarse para tomar el sol:</u> *Uno se levanta de la silla y va hacia el centro del aula. Tomas la crema y te das la crema por todo el cuerpo. Te agradecería que te dieras la crema*

MENTE SANA EN CUERPO SANO 6

sobre todo en la cara. Después, túmbate encima de una toalla.; <u>recoger el lápiz del suelo:</u> Primero, uno se pone de pie y se agacha ligeramente. Para ello, flexiona las rodillas y baja la mano hacia el suelo. En esa posición, uno intenta recoger algo que antes se ha caído al suelo. Lo sujeta bien con las manos y se pone de pie otra vez. No te olvides de sujetar bien ese objeto para que no se caiga otra vez.
Sugerencia: Este tipo de actividad en movimiento y de carácter lúdico favorece el aprendizaje y la cohesión del grupo. Sobre el **enfoque lúdico** consulte la página 12 de esta Guía.

7 Y después, ¡un buen masaje!

Objetivos:
reactivar y ampliar los nombres de las partes de la cara y de los dedos de la mano – entender las instrucciones de un masaje facial – expresar finalidad – ejercitar la comprensión lectora

7a. Contextualice la secuencia diciendo que después de tanto ejercicio, lo mejor es darse un buen masaje, tal y como postula el título. Forme parejas. Después dirija su atención a la foto, en la que aparece reflejado el rostro de una mujer, y lea los términos que acompañan la imagen. Pídales a continuación que escriban los nombres de las otras partes de la cara que están en las cajitas en su lugar correspondiente. Resuelva o pida a un voluntario que lo haga.
Solución: *de arriba para abajo: (la) frente, (las) cejas, (el) ojo, (los) labios, (el) mentón*

7b. Pídales que lean el texto con las instrucciones para un masaje facial en silencio y de forma individual, y que subrayen los órganos internos que se estimulan. Antes de empezar, remítalos a la foto de la mano que aparece en el margen e invite a algún voluntario a que lea en voz alta los nombres que reciben los dedos. Este paso es importante para que entiendan bien cómo se lleva a cabo el masaje facial. Después, deje que resuelva la actividad un alumno.
Solución: *el hígado, los riñones, (los) pulmones, el corazón*
Variación: Forme parejas. Pídales que un alumno lea los párrafos 1, 2 y 3 en voz alta. Mientras, el compañero escucha y sigue las indicaciones dándose el masaje. Después, al revés. El compañero que antes ha escuchado, lee ahora los párrafos 4, 5 y 6. Mientras tanto, su compañero escucha y realiza el masaje. Después subrayan los órganos internos que se estimulan y comparan con el compañero.

6   MENTE SANA EN CUERPO SANO

7c. Forme parejas si es que antes estaban trabajando de forma individual. Pídales que se fijen en las palabras que aparecen en negrita en el texto de **7b** y que formen frases completas para expresar finalidad. Remítalos al cuadro del margen *Expresar finalidad* y lea en voz alta las estructuras y los ejemplos. Después déjelos trabajar tranquilamente y a su ritmo. Al final, pida a algunos voluntarios que resuelvan la actividad para toda la clase.
Solución posible: *1. Los deportistas se hacen masajes para que su cuerpo se recupere tras una lesión.; 2. Muchas personas se hacen masajes a fin de relajarse y para aflojar los músculos rígidos.; 3. Es bueno hacerse un automasaje con (el) objeto de que el dolor de los músculos del cuello disminuya.; 4. Es necesario consultar al médico en caso de sufrir una enfermedad a fin de que el cuerpo no se dañe con un masaje.; 5. Hay que informarle al terapeuta de la historia médica para que sepa cuál es su estado de salud actual.*

Información:
La palabra *shiatsu* significa en japonés "presión con los dedos". El *shiatsu* es un tratamiento originado en Japón e influido por la medicina china tradicional. En España, los tratamientos y los profesionales del *shiatsu* están organizados en la APSE (Asociación de Profesionales de Shiatu de España), que existe desde 1996. Según la APSE "el objetivo del *shiatsu* es estimular y apoyar los procesos naturales de autocuración, de bienestar y crecimiento personal, y mantener la salud buscando el equilibrio de la energía vital de la persona. El tratamiento se basa en la aplicación de presión, trabajo energético y físico sobre los canales (meridianos) y sobre puntos para equilibrar la circulación de la energía vital del cuerpo (Ki o Chi)". También existen asociaciones de *shiatsu* en otros países hispanohablantes como por ejemplo la Sociedad Mexicana de Shiatsu o la Asociación Argentina de Shiatsu.

¡Consolidamos! Nuestras instrucciones

Objetivos:
repasar los contenidos de la unidad – escribir instrucciones – entender instrucciones auditivas

Tarea:
a. Forme grupos. Pídales que escriban una lista de acciones necesarias para realizar una de las actividades de las cajas: *tomar un café, subir en un ascensor* o *hablar con alguien*. Aconséjeles que lean primero la muestra de lengua.
Solución: *abierta*

b. Pídales que a continuación escriban un texto con instrucciones para realizar esa acción. Cuando hayan terminado de escribirlo, lo leerán en voz alta en la clase. Sus compañeros tienen que entender las instrucciones y hacer las acciones que escuchan. Pero, ¡ojo!, a ser posible todos a la vez. ¿Lo conseguirán? Antes de empezar, sugiérales que lean el ejemplo del margen.
Solución: *abierta*
Variación: Si tiene una clase muy numerosa, por ejemplo de más de 12 alumnos, puede plantear la parte **a** en parejas y la parte **b** primero en parejas y luego en grupos. Es decir, primero en parejas eligen una actividad de las cajas, escriben una lista de acciones relacionadas y redactan un texto con instrucciones para realizar esa acción. Después trabajan con otra pareja y le leen las instrucciones. Los miembros de esa pareja escuchan y realizan las acciones, a ser posible, a la vez. Luego, al revés.

Tendiendo puentes
Más allá del fútbol

Objetivos:
descubrir en qué deportes destacan algunos deportistas argentinos y españoles – ejercitar la comprensión lectora – mediar transmitiendo información a un compañero – ejercitar la comprensión oral a partir de un resumen de un compañero – interactuar oralmente

Actividad previa: Lea el título de este *Tendiendo puentes* y el subtítulo. Explique a sus alumnos que van a conocer deportes en los que destacan –además del fútbol– tanto los/las deportistas de España como los/las de Argentina. Después pregunte si conocen el nombre de los deportes de las fotos y anótelos en la pizarra con la participación de los alumnos. Si no conocen los nombres, mayor razón aún para escribirlos en la pizarra antes de empezar con la primera actividad.
Solución: *Foto 1: piragüismo; Foto 2: hockey sobre césped o hockey hierba; Foto 3: kayak surf*

a. Forme parejas. Pídales que miren las fotos y que digan qué deporte les parece más interesante. Dígales que expliquen cómo definirían ese deporte a partir de las características que aparecen en las cajitas. Indíqueles que lean la muestra de lengua antes de iniciar el intercambio oral con el compañero. No es necesario que haga una puesta en común.
Solución: *abierta*

b. Explíqueles que van a leer los textos, pero que un miembro de la pareja leerá el texto de España, mientras que el compañero leerá el de Argentina. Los dos leerán sus textos a la vez en silencio tomando notas de los puntos o datos más importantes. Cuando hayan terminado la lectura, revisan sus notas y se preparan para resumir el contenido del texto al compañero.
Solución: *abierta*
Sugerencia: Anime a sus alumnos a que en la fase de escucha del resumen del compañero presten atención de forma activa, p. ej. anotando datos que no entiendan, preparando preguntas o pidiendo al final que se repitan algunos fragmentos. Es importante concienciar a los alumnos de que este tipo de resumen mediador de conceptos debe "ser entendido" por el receptor, y que este tiene que escuchar activamente con la finalidad de recibir y descubrir información nueva. Es una tarea en la que se comparten conocimientos, y no solo se lee y se escucha.
Sobre la **mediación** consulte la página 11 de esta Guía.
c. Forme grupos o junte a dos parejas de antes. Pídales que piensen y hagan una lista de los deportes en los que destaca su país. Sugiérales que no solo hagan una lista de los deportes sino que justifiquen su información con datos concretos, campeonatos ganados, premios, etc., y que se pongan de acuerdo. Esta fase de "llegar a un acuerdo en el grupo" o "negociar", es fundamental para motivar la discusión interna y la interacción oral espontánea.
Una vez hayan negociado la lista, cada grupo la expondrá en la clase.
Solución: *abierta*

¡Hogar, dulce hogar! 7

> **Comunicación:** hablar sobre las tareas del hogar, expresar relaciones temporales, expresar involuntariedad, pedir un favor y reaccionar
> **Gramática y léxico:** oraciones y conectores temporales, oraciones temporales con relación al futuro en presente o pretérito perfecto de subjuntivo, repetición del objeto directo con un pronombre, uso de los pronombres para expresar involuntariedad, tareas del hogar, organización y división de las tareas domésticas, contratiempos cotidianos

1 Manos a la obra

Objetivos:
reactivar y ampliar el vocabulario de las tareas del hogar – ejercitar la interacción oral

Actividad previa: Lean juntos el título de esta Unidad 7 y los objetivos, haciendo hincapié en lo que los alumnos serán capaces de hacer en español al final de la unidad para motivarlos.

1a. Pídales que miren las fotos y que las relacionen con las palabras y expresiones de las cajitas. Pida a algún voluntario que resuelva la actividad en el pleno.
Solución: *Foto 1: pasar la aspiradora; Foto 2: fregar el suelo; Foto 3: quitar el polvo; Foto 4: tender la ropa; Foto 5: barrer; Foto 6: planchar*

1b. Forme parejas e indíqueles que ahora tendrán la oportunidad de trabajar más con las palabras de **1a** para que las memoricen. Para ello, pídales que las clasifiquen en las categorías de las cajas. Anímelos a que añadan más tareas. Después pida a algún voluntario que resuelva la actividad en el pleno.
Solución: <u>se usa un aparato eléctrico:</u> *pasar la aspiradora, poner la lavadora / el lavavajillas, planchar;* <u>se necesita un utensilio de limpieza:</u> *fregar el suelo, quitar el polvo, barrer, limpiar la cocina, tender la ropa, limpiar las ventanas;* <u>solo con las manos:</u> *hacer la cama, sacar la basura, ordenar la ropa, poner la mesa*

Sugerencia: Escriba en la pizarra las tres categorías y tome nota de las tareas que le irán diciendo sus alumnos. De esta forma todos aprenderán de todos.

1c. Forme grupos e invítelos a que hablen sobre la relación que tienen con las distintas tareas del hogar. Indíqueles que para dar su opinión se inspiren en los criterios de las cajas y léalos en voz alta. Sugiérales que lean la muestra de lengua antes de empezar. Durante la realización de la tarea pase por las mesas y escuche demostrando interés.
Solución: *abierta*

7 ¡HOGAR, DULCE HOGAR!

2 Las labores del hogar: una cuestión de actitud

Objetivos:
hablar de la actitud personal hacia las tareas del hogar – ejercitar la comprensión lectora – ejercitar la interacción oral – reactivar y ampliar los conectores y las oraciones temporales

2a. Forme parejas. Pídales que lean los memes y que discutan sobre la función que tiene cada uno de ellos, a quién le mandaría uno y por qué. Indíqueles que lean previamente la muestra de lengua. Después pida a algunos voluntarios que expongan sus resultados en clase.
Solución posible: *1. Yo creo que la intención del meme uno es criticar a las personas que están obsesionadas con la limpieza. Yo le mandaría este meme a mi hermano, porque él también es muy perfeccionista con la limpieza, es muy exagerado.; 2. La intención del meme número dos es llamar la atención sobre el hecho de que todos tienen que colaborar en las tareas domésticas. Yo le mandaría este meme a mis hijos, para que tomen ejemplo.; 3. La intención del meme tres es reflejar la situación de algunas personas que creen que ayudan, pero que, en el fondo, no colaboran lo suficiente. Yo le mandaría este meme a mi suegra, porque ella siempre dice que me ayuda en las tareas del hogar, pero no hace casi nada.; 4. La intención del meme cuatro es plasmar la situación de alguien que prefiere no ver lo que está sucio o desordenado para no tener que hacerlo. Yo me mandaría este meme a mí mismo. Si no tengo tiempo, prefiero "cerrar los ojos" y no ver lo que tengo que limpiar.*
Información:
El término *meme* es un neologismo proveniente del inglés. El *DLE (Diccionario de la Lengua Española de la Real Academia)* lo define en su segunda acepción como "imagen, vídeo o texto, por lo general distorsionado con fines caricaturescos, que se difunde principalmente a través de internet". Está aceptado por la Real Academia desde 2018, fecha en la que se incluyeron también otras palabras relacionadas con el mundo digital como *selfi* o *viral* (en la acepción de "difundido con rapidez por Internet").

2b. Forme grupos. Explíqueles que en la actividad podrán leer las reacciones de unas personas que han recibido los memes de **2a**. Pídales que lean las reacciones de forma individual y en silencio, y que las relacionen con el meme correspondiente de **2a**. Además, también tendrán que identificarse con alguna reacción. Una vez leídos los textos y hecha la actividad de forma individual, invítelos a que resuelvan y hablen en grupos.
Solución: *Claudia – meme 2; Elena – meme 1; Javier – meme 3; Carla – meme 4*

¡HOGAR, DULCE HOGAR!

7

Actividad adicional: Remítalos al cuadro *Información* para que conozcan algunas variantes de España y América Latina dentro de este campo léxico de las tareas del hogar.

2c. Mantenga los grupos de antes. Pídales que primero, individualmente, hagan una lista de todas las actividades relacionadas con el trabajo doméstico que hacen en su casa y en qué momento las realizan. Después, indíqueles que escriban frases temporales utilizando los conectores de las cajas. Una vez escritas las frases, tendrán que leérselas a los otros compañeros del grupo, que escucharán atentamente para decidir al final quién se organiza mejor. Sugiérales que lean los ejemplos del cuadro antes de empezar la actividad así como la muestra de lengua.
Solución: *abierta*

3 ¡El suelo lo limpia el robot!

Objetivos:
hablar del uso de robots para las tareas domésticas – presentar y practicar la repetición del objeto directo – reactivar y ampliar las expresiones de frecuencia – ejercitar la comprensión oral – ejercitar la interacción oral jugando

3a. Forme grupos o mantenga los de la actividad **2**. Pídales que hablen sobre los aparatos que aparecen en las fotos, sobre cuál/es de ellos tienen y si lo/s usan a menudo. Lea en voz alta el nombre de los robots de las fotos antes de dejarlos interaccionar con sus compañeros.
Solución: *abierta*
Actividad adicional: Después de la actividad **3a** haga una puesta en común preguntando a cada grupo quién es el que tiene más aparatos y el que los usa con más frecuencia.

3b. Explíqueles que van a escuchar un diálogo entre dos amigos, Hugo y Celia, en el que hablan de los robots de las fotos de **3a**. Pídales que escuchen, que marquen de qué aparatos hablan y que tomen nota de la postura que tienen Hugo y Celia en general con respecto al uso de robots en casa. Ponga la audición y después deje que un voluntario resuelva la actividad.
Solución: *2: aspirador; 3: nevera inteligente; 4: limpiacristales. Hugo tiene muchos aparatos electrónicos e inteligentes en su casa. Celia es algo escéptica.*

3c. Indíqueles que van a volver a escuchar el diálogo anterior y que en esta ocasión tendrán que marcar las frases que se dicen en el diálogo. Antes de poner la audición, deles tiempo suficiente para que lean las frases. Cuando hayan escuchado toda la audición y marcado las frases que

7 ¡HOGAR, DULCE HOGAR!

aparecen en el diálogo, pídales que analicen las palabras que están en negrita en las frases y que piensen a qué se refieren. Además, invítelos a que reflexionen sobre la posición del objeto y del sujeto en cada frase, con el fin de que descubran por sí mismos cuál es el motivo de repetir el objeto mediante un pronombre antes del verbo. Anímelos a que comparen y reflexionen en parejas. Después, resuelva cada una de las partes de la actividad o pida la participación de algún voluntario. Para terminar, explique el fenómeno de la repetición del objeto directo remitiéndolos al cuadro del margen.

Solución: En el diálogo se mencionan las frases 1 y 4. <u>Explicación:</u> El pronombre **lo** se refiere a **el suelo**. **El suelo** es el objeto. **El robot-aspirador** es el sujeto.; 2. El pronombre **la** se refiere a **la limpieza**. **La limpieza** es el objeto. **Toda la familia** es el sujeto.; 3. El pronombre **los** se refiere a **todos los sábados**. **Todos los sábados** es el objeto. **Hugo** es el sujeto.; 4. El pronombre **las** se refiere a **las ventanas**. **Las ventanas** es el objeto. **Un robot-limpiacristales** es el sujeto.

3d. Forme parejas. Explíqueles que van a jugar al juego "tres en raya", adivinando con qué frecuencia hace su compañero las tareas del hogar de los dibujos. En el pequeño tablero de la actividad aparecen expresiones de frecuencia con las que se formulará la pregunta. Si uno acierta la tarea y la frecuencia del compañero, marca la casilla correspondiente con una cruz y sigue jugando. Si no acierta, pasa el turno al compañero. El objetivo es conseguir tres casillas seguidas en cualquier posición: vertical, horizontal o diagonal. Gana quien consiga antes las tres casillas seguidas acertando las tareas y la frecuencia del compañero. Para que el procedimiento esté más claro, sugiérales que lean la muestra de lengua antes de empezar. ¡Importante! Indíqueles que empiecen sus preguntas nombrando en primer lugar un objeto de las ilustraciones. Así tendrán que retomarlo en forma de pronombre personal antes del verbo.

Solución: abierta

4 Orden y limpieza con método

Objetivos:
hablar de métodos para mantener el orden en el hogar – ejercitar la comprensión lectora – ejercitar la interacción oral

4a. Forme parejas. Pídales que hablen sobre cómo mantienen el orden en su casa, si lo hacen con un método y si conocen técnicas que ayudan a colocar y ordenar bien las cosas. Lea la muestra de lengua antes de que empiece la interacción. No es necesario hacer una puesta en común.

Solución: abierta

¡HOGAR, DULCE HOGAR!

4b. Pídales que lean el artículo en silencio y de forma individual, y que contesten a las preguntas. Cuando hayan terminado, pida a algún voluntario que resuelva la actividad en el pleno.
Sugerencia: Para que la lectura tenga un objetivo, es recomendable que lean las preguntas antes de leer el texto. Sobre la **comprensión lectora** consulte la página 15 de esta Guía.
Solución: *1. Tiene una certificación de un método de origen japonés. Además es hija de un arquitecto y lleva un estilo de vida minimalista, algo que va muy de acuerdo con el método que aplica en su trabajo como diseñadora.; 2. Primer principio: ordenar primero la mente y el alma antes de ordenar la casa o el espacio de trabajo, por ejemplo, si abrimos la ventana y hacemos la cama cuando nos levantamos por la mañana.; Segundo principio: ordenar por categorías, es decir, por ejemplo, empezar ordenando los libros del dormitorio y luego seguir con los libros de toda la casa.; Tercer principio: la verticalidad. Si colocamos las cosas una detrás de la otra, por ejemplo, en un cajón, es más fácil sacar una sin descolocar las demás.; Cuarto principio: olvidar el pasado y no aferrarse a los objetos materiales. Si no tiramos las cosas que no son necesarias, no conseguiremos una limpieza profunda de nuestro interior y de nuestro hogar.; Quinto principio: agradecer. Antes de tirar un objeto, es importante despedirnos de él y agradecerle el servicio prestado.*
Información:
El método que se describe en el artículo de **4b** se basa en las teorías de la experta del orden Marie Kondo, nacida en Tokio, Japón, en 1984. Además de crear el método KonMari, ha escrito varios superventas entre los que destaca *La magia del orden*. También realiza vídeos con consejos para el hogar y protagoniza series en canales privados, que cuentan con millones de seguidores y seguidoras en todo el mundo. Su filosofía se resume en tres ideas: "ordena, tira y sé feliz".

4c. Forme parejas de nuevo o mantenga las de la actividad **4a**. Pídales que discutan sobre los principios que aparecen en el artículo, cuáles de ellos aplicarían y por qué. Indíqueles que lean la muestra de lengua antes de empezar.
Solución: *abierta*

5 ¡Cuando tenga tiempo y ganas, lo haré!

Objetivos:
hablar de buenos propósitos para organizar las tareas del hogar – expresar temporalidad con relación al futuro – conocer el uso del pretérito perfecto de subjuntivo para expresar acciones temporales referidas al futuro – ejercitar la interacción oral

5a. Pida a sus alumnos que lean el texto otra vez fijándose en las partes que aparecen en cursiva, y que subrayen con dos colores distintos si las acciones que expresan son futuras y no terminadas o bien son futuras y terminadas. Sugiérales que después comparen con un compañero. A continuación resuelva o pida a algunos voluntarios que lo hagan.
Solución: <u>acción futura no terminada:</u> *Cuando esos dos niveles estén armonizados...*; *Mientras no te olvides del pasado y sigas aferrándote...*; *... antes de que vayan a la basura...*; <u>acción futura terminada:</u> *... en cuanto hayas ordenado los libros...*; *... después de que hayas doblado cada prenda y las hayas puesto todas verticalmente...*; *... hasta que no hayas tirado todo...*
Sugerencia: Dedíquele unos minutos a explicar la diferencia entre el presente de subjuntivo y el pretérito perfecto de subjuntivo en el ámbito de las oraciones temporales, sirviéndose de los cuadros del margen *¿Se acuerda?* y *Oraciones temporales con relación al futuro.* Con el pretérito perfecto de subjuntivo la acción de la oración subordinada temporal introducida por *cuando, después (de) que, antes (de) que, hasta que,* etc. se refiere al futuro y es una acción terminada anterior a la acción de la oración principal.

5b. ¡Ponga a toda la clase en movimiento! Pero primero pídales que completen las frases con buenos propósitos para el futuro. Anímelos a que en la continuación de tres de las frases reflejen acciones futuras terminadas y en las otras tres, acciones futuras no terminadas o abiertas. Una vez escritas las frases, tendrán que ponerse de pie y caminar por el aula buscando compañeros que tengan los mismos propósitos o planes parecidos. Sugiérales que tomen nota del nombre del compañero. Después, invítelos a que vuelvan a sus asientos y cuenten en una puesta en común con quién coinciden.
Solución: *abierta*
Sugerencia: Sobre el **enfoque lúdico** consulte la página 12 de esta Guía.

6 Pequeños contratiempos

Objetivos:
hablar de imprevistos y contratiempos – aprender a expresar involuntariedad – ejercitar la comprensión oral – ejercitar la interacción oral

6a. Forme parejas. Pídales que miren las ilustraciones y se imaginen qué ha ocurrido. Pregúnteles también si les ha pasado alguna vez algo así. Sugiérales que lean la muestra de lengua antes de empezar.
Solución posible: *1. En la primera ilustración, la persona no puede entrar en casa porque quizás ha olvidado las llaves en algún sitio.;*

¡HOGAR, DULCE HOGAR!

2. En la segunda, se ve que una taza llena de café se ha caído encima de un libro.; 3. Creo que se ha roto un vaso o un florero.

6b. Explíqueles que van a escuchar una conversación entre tres compañeros de piso, Miguel, Sara y Adela. Pídales que se fijen en qué les ha pasado y marquen a qué dos situaciones de **6a** se refieren. Después deje que un voluntario resuelva la actividad en el pleno.
Solución: *Miguel ha tirado la taza llena de café de Sara y ha manchado su libro.; Adela se olvidó las llaves en casa y tuvo que llamar por el portero automático a las tres de la madrugada. Ilustraciones 2 y 1.*

6c. Ahora volverán a escuchar la conversación, pero antes indíqueles que lean las frases y pídales que mientras escuchan, escriban el nombre de las personas que dicen las frases: Miguel, Sara o Adela. Indíqueles que reflexionen sobre cómo están formuladas las frases y en cuáles de ellas se expresa que la acción se hizo sin querer, es decir, de forma involuntaria. Después ponga la audición, corrija la actividad y trate el tema de la expresión de la involuntariedad a partir de la reflexión conjunta con sus alumnos. Al final, remítalos al cuadro *Expresar involuntariedad* y asegúrese de que lo han entendido.
Solución: *1. Sara; 2. Miguel; 3. Adela; 4. Sara; 5. Adela; 6. Miguel. La acción se hizo de forma involuntaria en las frases 2, 4 y 5.*

6d. Forme grupos. Explíqueles que ahora ellos tendrán que expresar involuntariedad. Pídales que cada uno elija una de las situaciones de las cajitas y que la represente con mímica demostrando que lo ha hecho sin querer. Los demás intentarán adivinar de qué situación se trata haciendo preguntas y destacando la involuntariedad de lo ocurrido. No es necesario hacer una puesta en común.
Solución: *abierta*

7   Siempre hay gente que ayuda

Objetivos:
aprender a pedir un favor y a reaccionar – conocer estrategias socioculturales para pedir favores – ejercitar la comprensión oral – ejercitar la expresión escrita

7a. Contextualice la actividad diciendo que los amigos de la actividad **6**, Miguel, Sara y Adela, tienen algunos problemas y necesitan ayuda de sus vecinos. Después, pídales que escuchen y que entiendan de qué problemas se trata y qué favores piden. Ponga la audición y deles tiempo para que tomen notas. Al final, pida a varios voluntarios que resuelvan la actividad para todos.

7 ¡HOGAR, DULCE HOGAR!

Solución: <u>Diálogo 1:</u> Miguel ha perdido la llave del coche y no tiene otra llave ni el móvil porque se le olvidó dentro del coche. Sara y Adela están de vacaciones y no puede recurrir a ellas. Miguel le pide a Diego que le deje el móvil para llamar al servicio de automóviles.; <u>Diálogo 2:</u> Sara y Adela han vuelto de vacaciones y no tienen nada en la nevera porque Miguel estaba enfermo y no ha podido hacer la compra. Sara le pide un poco de leche y de café a su vecina.; <u>Diálogo 3:</u> Adela le pide un favor a Félix. Quiere que recoja un paquete que va a recibir ella porque no va a estar en casa y sus compañeros de piso, tampoco.

7b. Indíqueles que van a escuchar los diálogos otra vez. Pídales que lean las frases y expresiones de las cajitas y que se fijen en cómo se piden favores y cómo se reacciona. Anímelos a que se concentren en la entonación de las preguntas, en la forma de reaccionar positiva- o negativamente y en el tono que utilizan. Después, en parejas, clasificarán las frases y expresiones según su función comunicativa: pedir un favor, acceder a una petición, acceder a una petición con reservas / negar una petición. Deles tiempo para que reflexionen con el compañero y coloquen cada expresión en su categoría correspondiente. Al final, pida a algunos voluntarios que resuelvan la actividad en el pleno.

Solución: <u>Pedir un favor:</u> Tengo que pedirte una cosa.; Te importa si...; ¿Te podría pedir un favor?; Te agradecería mucho si me dejaras...; Si no te importa...; Necesitaría que...; ¿Me podrías echar una mano?; <u>Acceder a una petición:</u> ¡Claro, cómo no!, será un placer.; Claro, por supuesto.; <u>Acceder a una petición con reservas / negar una petición:</u> Lo siento, pero no puede ser.; De acuerdo, pero solo esta vez. ; Bien, si insistes...; Lo lamento, pero no voy a poder.; Haré todo lo posible, pero...

Actividad adicional: En estas funciones comunicativas hay muchas diferencias entre unas culturas y otras. En el cuadro de *Estrategia* se plantean algunas de ellas. Comente las situaciones con sus alumnos de forma diferenciada con preguntas del tipo: ¿En el país donde viven es igual? ¿En su familia es también así? ¿Cómo piden favores a gente que conocen bien y cómo lo hacen cuando no conocen bien a una persona y tienen que pedirle un favor? ¿Cómo se comportan ellos si tienen que negar una petición? ¿Hay expresiones o palabras en su lengua para expresar esos matices?, ¿cuáles?

7c. Mantenga las parejas de antes. Explíqueles que tienen que elegir dos de las situaciones de las cajitas y escribir un diálogo en el que se reflejen ambas situaciones. Pídales que decidan si aceptarán enseguida o si pondrán algún inconveniente o reparo. Deje que trabajen solos y que escriban sus diálogos. Después, pregunte a las parejas si quieren leer en voz alta los diálogos para todos.

Solución: *abierta*

¡HOGAR, DULCE HOGAR!

¡Consolidamos! Plan de tareas

Objetivos:
repasar los contenidos de la unidad – negociar para llegar a un acuerdo – presentar los resultados en la clase

Tarea:
a. Forme grupos. Contextualice la actividad explicando a sus alumnos que se tienen que imaginar que se van de vacaciones y que van a compartir un piso. Pídales que hagan una lista de las tareas domésticas que son necesarias para vivir un tiempo juntos.
Solución: *abierta*
b. Cuando hayan hecho la lista de las tareas, pídales que las repartan en la tabla cada uno de forma individual. Para ello tendrán que completar la tabla con su nombre y con la tarea elegida en el momento del día correspondiente.
Solución: *abierta*
c. Con la tabla en la mano, negociarán la repartición del trabajo con los miembros de su grupo. Aconséjeles que lean la muestra de lengua antes de empezar. Después, anímelos a que discutan las propuestas de los compañeros, ya que cuanto más desacuerdo haya entre ellos, más posibilidades de intercambio y de interacción oral en español tendrán. En esta fase de la actividad, pase por las mesas y demuestre interés, pero sin intervenir.
Solución: *abierta*
d. Cada grupo presentará su plan al resto de la clase. Durante la presentación, los demás escucharán de forma activa anotando puntos críticos de la planificación y planteándose si esta es equitativa. Una vez terminada la presentación, el resto de los alumnos tomará la palabra para valorarla y discutir esos puntos críticos anotados previamente. Anímelos también a que hagan propuestas de mejora.
Solución: *abierta*

Tendiendo puentes
Minirrelatos a ambos lados del Atlántico

Objetivos:
ejercitar la comprensión lectora – escribir un minirrelato en grupos

Actividad previa: Pregunte a sus alumnos si saben lo que es un minirrelato, si han leído alguna vez uno en español o en otras lenguas y si les gusta este género narrativo.

7 ¡HOGAR, DULCE HOGAR!

Solución: *abierta*

Actividad adicional: Para que sus alumnos se familiaricen con el género del minirrelato, fotocopie la **ficha fotocopiable 3** de la página 128 de esta Guía y dé un ejemplar a cada uno. Pídales que lean el decálogo y que completen las frases con las palabras que faltan. Después, dígales que comparen con un compañero y al final, resuelva con la ayuda de algunos voluntarios.

Solución: 1. palabras; 2. lenguaje; 3. título; 4. detalles; 5. final; 6. temas; 7. imágenes; 8. ironía

Información:
Minirrelato, relato breve, microrrelato, minicuento, nanocuento o microficción, entre otros, son algunos de los términos referidos a este género literario que tiene cada vez más adeptos en la actualidad y que cuenta con gran difusión en la red. En *Impresiones B2* se ha preferido el término algo más amplio de "minirrelato", ya que los textos ofrecidos en este *Tendiendo puentes* son breves pero no brevísimos o compuestos por una o dos frases nada más, algo más característico del microrrelato. La autora Violeta Roja en su obra *Breve manual para reconocer minicuentos* (2010) define "minicuento" como "narración breve, ficcional, con un desarrollo accional condensado y narrado de una manera rigurosa y económica". A pesar de que el microrrelato tiene sus raíces en la tradición oral, en las fábulas y las leyendas medievales, se considera que dentro del ámbito hispano se pusieron de moda de la mano de grandes autores hispanoamericanos como Jorge Luis Borges, Juan José Arreola, Augusto Monterroso o Julio Cortázar. España también cuenta con muchos escritores de microficción como Juan José Millás, Ana María Matute o José María Merino. Además, el microrrelato es muy compatible para los mecanismos de la literatura digital encontrándose en Internet numerosos blogs y páginas sobre este género literario.

a. Forme parejas. Pídales que lean los textos, miren las fotos atentamente y decidan qué foto acompañaría mejor a cada texto y por qué. Después haga una puesta en común en la que algunos voluntarios den su opinión.

Solución posible: A. El texto A lo acompañaría con la foto 3, porque en esta foto se ve una cartera encima de un banco. Es posible que se le haya perdido a alguien y ese es uno de los temas del texto A: los objetos que pierden las personas, las cosas materiales que perdemos diariamente. También lo relacionaría con la foto 4, en la que se ve a alguien que busca un objetivo en su vida y que tiene miedo al futuro.; B. El texto B lo acompañaría con la foto 1, porque esta foto refleja una situación familiar en la que el padre y la madre han discutido. En el texto B se menciona el tema de las discusiones familiares vistas desde la perspectiva de un niño. Creo

¡HOGAR, DULCE HOGAR!

que la foto 2 también puede encajar bien con el texto B, porque el narrador decide irse de casa para evitar posibles discusiones.

b. Mantenga las parejas de antes. Pídales que lean las preguntas de forma individual y en silencio, y que las contesten. Después, sugiérales que comparen las respuestas con su compañero. Al final, pida a unos voluntarios que resuelvan la actividad en el pleno.
Solución: *1. Trata de pérdidas materiales como las llaves, las lapiceras, el dinero, documentos, etc. y también de pérdidas inmateriales: nombres, caras, palabras.; 2. Se me caen las cosas de los bolsillos; ... y siento mucho miedo de que se me caiga la vida en alguna distracción.; 3. A la mujer mayor del texto B le molestaba que su marido dejase la pasta dentífrica fuera de su cubilete y que fuese tan despistado con las tareas domésticas. También le molestaba que su marido fumara a escondidas. Al hombre le molestaba que las comidas que preparaba su mujer tuvieran demasiada sal y que controlara todo lo que hacía él.; 4. Es impuntual, no friega los platos sucios de la cena el mismo día, es poco activo y pasa los domingos en el sofá.*
Actividad adicional: Este tipo de textos literarios son muy adecuados para que sus alumnos lean simplemente por placer. Forme parejas y anímelos a que expresen su reacción personal después de la lectura, por ejemplo a partir de las siguientes preguntas:
1. ¿Qué le ha gustado más de los minirrelatos anteriores?
2. ¿Con qué personaje se identifica más? ¿Qué experiencia entiende mejor?
3. ¿Qué sentimiento le ha producido la lectura de los minirrelatos? ¿Cómo se siente después de leerlos?

c. Forme grupos de cuatro o bien una a dos parejas de las actividades anteriores. Explíqueles que ahora tendrán que escribir ellos mismos en parejas un minirrelato a partir de una de las fotos. Pídales que escojan la misma foto para todo el grupo, pero que se dividan en parejas para escribir el relato. Una vez escrito, se lo leerán a la otra pareja y discutirán en el grupo las diferencias entre unos relatos y otros, por ejemplo, si el final es alegre o triste.
Sugerencia: Para ayudar a sus alumnos en la elaboración de un minirrelato, deles algunas pautas. Para ello consulte el apartado sobre la **producción escrita** de la página 15 de esta Guía.
Información:
Eduardo Galeano nació en Montevideo, Uruguay, en 1940 y murió en 2015. Fue un periodista y escritor comprometido con la realidad de Latinoamérica. Comenzó su carrera a principios de los años 60 como redactor jefe de la revista *Marcha*, un semanario en el que participaron otros escritores muy conocidos como Mario Vargas Llosa o Mario Benedetti. Cuando se impuso la dictadura en Uruguay en 1973, el semanario

cerró sus puertas, momento también en el que Galeano fue encarcelado y tuvo que abandonar el país. Su obra más conocida, *Las venas abiertas de América Latina* (1971), denuncia de las injusticias que ha sufrido históricamente Latinoamérica, fue censurada. Primero se fue a vivir a Argentina y después a España, donde escribió su trilogía *Memoria del fuego* (1984). A principios de 1985 volvió a Montevideo y fundó el periódico *Brecha* en el que participó hasta su muerte.

Nicolás Jarque Alegre nació en Albuixech, Valencia, España, en 1977. Es diplomado en Relaciones Laborales y trabaja como contable. Ha publicado sus microrrelatos en distintas revistas y publicaciones como *De Antología: la logia del microrrelato* (2013) o *Relatos con banda sonora* (2017). El microrrelato *Infelicidad* de esta página de *Tendiendo puentes* pertenece a su obra *Las miradas miopes*, su primer libro (2019). Además, muchas de sus obras pueden leerse en su blog.

A flor de piel 8

> **Comunicación:** hablar de sentimientos y de amor, expresar afecto, admiración, enfado y reproche, expresar (des)conocimiento, hacer suposiciones sobre acciones pasadas, dejar una decisión a otra persona
> **Gramática y léxico:** el futuro perfecto, verbos y expresiones para expresar desconocimiento, uso del presente de subjuntivo para dejar la decisión a otra persona, léxico de los sentimientos y las relaciones afectivas, palabras y expresiones relacionadas con el amor

1 Sobre el amor y otros sentimientos

Objetivos:
hablar del amor y de otros sentimientos – expresar gustos sobre citas de personajes famosos relacionadas con el amor y otros sentimientos

Actividad previa: Lea en voz alta el título de esta unidad *A flor de piel*. Asegúrese de que sus alumnos entienden la frase "a flor de piel" y pregúnteles si hay una expresión equivalente en su idioma.

1a. Forme parejas. Pídales que miren las fotos y las relacionen con los nombres de los sentimientos que aparecen en las cajitas. Aclare las dudas de léxico que surjan y sugiérales que lean la muestra de lengua antes de empezar. Al final haga una puesta en común con las opiniones de algunos voluntarios.
Solución posible: *1. En la foto 1 se ve a tres personas, dos están juntas y la otra está sola y parece que está triste. Yo relaciono esta foto con los celos, el amor y la decepción.; 2. En la foto se ve a un hombre joven y un hombre mayor. Yo creo que son padre e hijo y están muy contentos. Yo relaciono esta foto con la admiración que sienten.; 3. En la foto 3 vemos a dos chicas jóvenes sentadas en un sofá, pero con distancia entre ellas. Yo relaciono la foto con el rencor, el enfado y la decepción.; 4. Aquí se ve a una mujer mayor que abraza a una mujer joven, quizás es su hija o su nieta. Yo relaciono esta foto con el amor y el afecto.*

1b. Realice la actividad como se indica en el libro. Resuélvala pidiendo a varios voluntarios que lean en voz alta las citas completas.
Solución: *1. tener envidia; 2. quiero; 3. guardar rencor; 4. admiro; 5. siente celos*

Actividad adicional: Si tiene tiempo y lo considera oportuno, abra un debate en el pleno con las opiniones de todos sobre las citas anteriores. Pídales que elijan la que más les gusta y que justifiquen su elección con algún ejemplo o con una experiencia personal.
Solución: *abierta*

2 Hablando del amor

Objetivos:
hablar de distintos tipos de amor – ejercitar la comprensión lectora – ejercitar la interacción oral

2a. Forme grupos para realizar la actividad. Después, anime a sus alumnos a que expongan los resultados del grupo en el pleno
Solución: *abierta*
Variación: En lugar de que expongan los resultados en el pleno, también puede utilizar la técnica de *rotating trios* para crear nuevos grupos y que intercambien los resultados entre sí. Sobre las **formas grupales** consulte la página 18 de esta Guía.

2b. Pídales que lean de forma individual la descripción sobre los distintos tipos de amor de una revista de divulgación, y que relacionen cada una con el tipo de amor correspondiente del margen de la derecha: Ágape o amor compasivo, Philia o amor admirativo, Eros o amor erótico. Después, resuelva la actividad con las aportaciones de algún voluntario.
Solución: <u>Descripción 1:</u> *Eros o amor erótico;* <u>Descripción 2:</u> *Ágape o amor compasivo;* <u>Descripción 3:</u> *Philia o amor admirativo.*

2c. Forme parejas y realice la actividad como se propone en el libro. No es necesaria una puesta en común.
Solución: *abierta*

2d. Forme grupos y realice la actividad como se propone en el libro. Sugiera a sus alumnos que consulten sus notas para recordar los tipos de amor que surgieron en esa actividad grupal.
Solución: *abierta*

3 Mensajes llenos de sentimiento

Objetivos:
aprender cómo se expresan distintos sentimientos como el afecto, la admiración, el enfado y el reproche – ejercitar la comprensión lectora – ejercitar la expresión escrita

3a. Introduzca la actividad explicando a sus alumnos que algunas de las personas de las fotos de la actividad **1a** han escrito unos mensajes. Indíqueles que el mensaje **A** está en la página 70, mientras que los otros dos mensajes **B** y **C** se encuentran en la página siguiente, la página 71. Pídales que lean los tres mensajes de forma individual y que identifiquen a qué foto corresponde cada uno. Invítelos asimismo a que expliquen qué tipo de amor se refleja en cada mensaje y por qué

A FLOR DE PIEL   8

motivo se escribieron. Sugiérales que lean la muestra lengua. Después pida a algún voluntario que resuelva el ejercicio.
Solución: A – foto 1: eros o amor erótico; B – foto 4: ágape o amor compasivo; C – foto 3: philia o amor admirativo
A. En la carta A la chica ha escrito el mensaje para decirle a su pareja que lo quiere mucho y que está celosa. Recuerda la situación de su pareja con otra chica. Ella piensa que hay más entre ellos y que no se trata tan solo de una amistad.; B. La madre le escribe un correo a su hija porque quiere expresarle que, a pesar de las dificultades habidas en la relación, la echa de menos, la admira y la quiere.; C. La chica se ha enfadado con su amiga Cristina, porque la ha criticado delante de sus amigos y a ella le ha sentado muy mal, no le ha gustado.

3b. Realice la actividad como se indica en el libro. Despues resuélvala en el pleno con la participación de algún voluntario.
Solución: <u>afecto y admiración:</u> De ti me atrae...; me gustas mucho; me fascina; admiro; estoy loca por ti; te adoro; lo mucho que te quiero; estoy muy orgullosa; lo que más admiro de ti; te echo mucho de menos; <u>enfado y reproche:</u> Me indigna que; me enfadó que; me parece fatal; me sienta mal; me dio mucha rabia; me puso de muy mal humor; no soporto; No entiendo cómo pudiste hacerlo; tendrías que saber

3c. Realice la actividad como se indica en el libro, pero antes sugiera a los alumnos que escriban el mensaje en una hoja aparte. Remítalos para ello a la muestra de lengua en el margen. No es necesaria una puesta en común.
Actividad adicional: Si sus alumnos se lo piden, corrija en casa los textos que han escrito y coméntelos en la clase siguiente. Utilice la **ficha fotocopiable 1** de la página 54 en la que aparecen las abreviaturas y símbolos para la corrección de textos escritos.

4 Relaciones distintas

Objetivos:
conocer distintos tipos de relaciones afectivas – expresar (des)conocimiento – tematizar las diferencias entre el uso del indicativo o el subjuntivo para expresar (des)conocimiento – ejercitar la comprensión oral – ejercitar la interacción oral

4a. Para empezar, pida a sus alumnos que hablen con su compañero sobre los tipos de relaciones de las cajas: monogamia, poligamia y soligamia, y que expliquen en qué consisten. Después, indíqueles que van a escuchar un programa de radio y que en él se mencionarán dos de esos tipos de relación. Tienen que entender cuáles son y tomar notas sobre

sus características para poder describirlos más tarde. Sugiérales que lean la muestra de lengua antes de empezar a trabajar.
Solución posible: *Yo creo que la monogamia es una relación sentimental entre dos personas. En la poligamia, la relación puede ser con más personas. Y en la soligamia, no sé, quizás, no hay relación.*
Solución: *En el programa se habla de la monogamia y de la soligamia. La monogamia es la relación con una persona. La soligamia es una relación consigo mismo, es decir, una relación de solamente una persona.*

4b. Ahora tendrán la oportunidad de escuchar el programa otra vez, pero en esta ocasión harán una comprensión oral detallada. Antes de poner la audición, lea en voz alta las preguntas a las que tendrán que contestar sus alumnos. Ponga la audición y deles tiempo para que tomen notas y contesten a las preguntas. Después, pida a algún voluntario que resuelva la actividad.
Solución: *1. Se habla de una agencia de viajes especializada en la celebración de bodas con uno mismo o una misma.; 2. Se dirige a personas que no han encontrado a la pareja ideal o que quieren reafirmar su autoestima.; 3. Se ofrece la organización completa de una boda y del viaje de boda: el vestido de novia, el maquillaje, el anillo, el ramo, la fiesta y las invitaciones.; 4. No le parece mal, lo entiende. Dice que "Más vale estar solo que mal acompañado".; 5. En 2014, Grace Gelder, una mujer inglesa, fue la primera en casarse consigo misma.*

4c. Pida a sus alumnos que lean las reacciones de algunas personas a la información del programa de radio de **4b** y que decidan si ellos mismos coinciden con alguna de las opiniones. Después, invite a algunos voluntarios a que expongan en clase con qué opinión coinciden.
Solución: *abierta*
Actividad adicional: Llame la atención de sus alumnos sobre las frases de **4c**. En todas ellas se expresa conocimiento o desconocimiento de algo. Pídales que marquen con distintos colores las frases en las que se expresa conocimiento y en las que se expresa desconocimiento, y que se fijen en las estructuras posibles. Después remítalos al primer cuadro del margen *Expresar (des)conocimiento* y pídales que lean los ejemplos. En un segundo paso, trabaje la diferencia de uso del indicativo o subjuntivo en las frases en las que se expresa desconocimiento. Para explicar la diferencia, remítalos al cuadro del margen *Expresar desconocimiento: ¿indicativo o subjuntivo?* e invítelos a que lean la explicación y los ejemplos, o bien, explíqueles usted la diferencia entre un modo u otro en este tipo de oración: si el hablante utiliza el indicativo, está aceptando la información nueva. En cambio, si utiliza el subjuntivo, está poniendo en duda o cuestionando esa información.

4d. Forme grupos. Ahora sus alumnos tendrán que aplicar lo aprendido interaccionando con sus compañeros. Pídales que cada uno lea de

A FLOR DE PIEL

forma individual y en silencio las descripciones de otros tipos de relación, que elija una de ellas y que se la explique parafraseando con sus propias palabras al resto de los compañeros de su grupo. Estos tienen que escuchar y reaccionar mostrando conocimiento o desconocimiento. Anímelos a reaccionar y dar su opinión de forma espontánea y natural. Antes de que empiecen, sugiérales que lean la muestra de lengua. Durante el trabajo en los grupos, pase por las mesas y observe cómo transcurre la actividad pero sin intervenir, excepto en caso de preguntas o dudas.
Solución: *abierta*
Sugerencia: El parafraseo es una estrategia de comprensión y mediación. Sobre la **mediación** consulte la página 11 de esta Guía.

5 ¡Seguramente habrán tenido problemas!

Objetivos:
hacer suposiciones sobre acciones pasadas – presentar y practicar las formas y el uso del futuro perfecto para hacer suposiciones sobre acciones pasadas – ejercitar la comprensión lectora – ejercitar la interacción oral

5a. El *input* nuevo se presenta a través de un foro de opiniones sobre los distintos tipos de relaciones mencionados anteriormente en la actividad **4**. Pida a sus alumnos que lean las opiniones individualmente y en silencio, y que identifiquen a qué relación de **4** se refiere cada comentario o intervención. De esta forma tendrán un primer acercamiento al texto realizando una comprensión lectora global. Resuelva la actividad pidiendo la colaboración de algún voluntario.
Solución: *Tomás – D ("LAT"); Anab – D ("LAT"); Lunes – E/A ("poliamorosos"/"amigovio"); Asun25 – B ("otakus"); Fer – B ("otakus"); Escorpio – soligamia*

5b. En esta nueva lectura del texto anterior se analizarán los detalles. Pida a sus alumnos que lean otra vez el foro de **5a** y que subrayen cómo justifican las personas los distintos tipos de relación. Por medio de este paso no solo realizarán una lectura detallada, sino que también se irán dando cuenta de cómo se expresa la suposición sobre acciones pasadas, tema principal de la secuencia, que podrán sistematizar en el paso siguiente **5c**. Deles tiempo para leer y subrayar, y después resuelva o pida a un voluntario que lo haga.
Solución: <u>Tomás</u>: *Seguramente habrán tenido malas experiencias en la convivencia con otra persona.*; <u>Lunes</u>: *... mucha gente las prefiere porque habrá sufrido desengaños*; <u>Fer</u>: *Esas personas habrán renunciado a un*

A FLOR DE PIEL

amor convencional porque no habrán encontrado a la pareja adecuada.; *Escorpio:* Yo creo que en algún momento habrán renunciado a encontrar el amor de su vida.

5c. Pida ahora a sus alumnos que se fijen en las formas verbales que aparecen en cursiva en el foro de **5a**. Dígales que es un tiempo nuevo, el futuro perfecto, e invítelos a que deduzcan por sí mismos su uso. Para ello tendrán que leer el cuadro *Mi gramática* y marcar la opción adecuada. Después resuelva la actividad o pida a un voluntario que diga las soluciones.
Solución: *se imaginan la información / pasado*
Sugerencia: Una vez que haya trabajado con sus alumnos este uso del futuro perfecto, explíqueles su formación a partir del futuro simple de *haber* y un participio, remitiéndolos al cuadro del margen *Futuro perfecto*. Recuérdeles asimismo que para expresar suposición sobre hechos presentes o futuros se utiliza el futuro simple, tal y como probablemente aprendieron en *Impresiones B1* u otros manuales, y se plasma en el cuadro del margen *¿Se acuerda?*.

5d. Forme parejas. Indíqueles que se fijen en las cuatro ilustraciones. Pídales que describan cómo se sienten las personas y que hagan suposiciones sobre qué habrá pasado antes. Puede remitirlos al cuadro del margen *Hacer suposiciones sobre acciones pasadas*. Anímelos a que trabajen de forma dialogada tomando como ejemplo la muestra de lengua. Finalice la actividad pidiendo a algunos voluntarios que cuenten sus suposiciones en el pleno.
Solución posible: En la 1 se ve a un padre con su hijo que están contentos. El padre parece muy orgulloso de su hijo. - Y por eso le ha regalado un coche. Quizás como premio porque habrá terminado la universidad. - Yo más bien creo que el chico le habrá pedido las llaves del coche a su padre para viajar con sus amigos.; En la 2 se ve a dos chicas, una va muy bien vestida, con un traje elegante. La otra lleva ropa deportiva. Yo creo que tal vez la chica de los pantalones se habrá presentado a un puesto de trabajo y lo habrá conseguido. – Sí, la otra chica le habrá dado el empleo, a lo mejor es su jefa.; En la 3 se ve a una novia que sale de la iglesia bastante triste o enfadada. – Parece que ha tirado el ramo de novia al suelo. A lo mejor no habrá querido casarse, se lo habrá pensado mejor. – O habrá visto a su ex marido en la iglesia y no quiere volver a casarse.; En la 4 vemos a un señor que se ha quedado dormido encima de su escritorio. – Seguramente habrá dormido mal la noche anterior.

A FLOR DE PIEL   8

6 ¿Cómo cuidar las relaciones?

Objetivos:
hablar de consejos para mantener vivas las relaciones personales – ejercitar la comprensión oral – ejercitar la interacción oral

6a. Forme grupos y pídales que intercambien opiniones y experiencias a partir de la pregunta *¿Qué hace usted para cuidar sus relaciones con otras personas?*. Antes de que empiecen, sugiérales que lean la muestra de lengua. Durante la actividad pase por las mesas y escuche con interés sin intervenir. Esta actividad de preaudición facilitará la comprensión del pódcast de la actividad siguiente. Sobre la **comprensión oral** consulte la página 14 de esta Guía.
Solución: *abierta*

6b. Ahora trabajarán de forma individual, pero no es necesario que vuelvan a sus asientos, pueden quedarse en el grupo. Introduzca primero el contexto: una terapeuta habla y da consejos sobre el tema en un pódcast. A continuación, realizan la actividad como se indica en el libro. Aconséjeles que lean previamente los consejos antes de poner la audición. Después de la audición, resuelva la actividad o pida a un voluntario que lo haga.
Solución: *2, 4, 6*

6c. Ponga la audición otra vez para que sus alumnos puedan tomar nota de los detalles relativos a los consejos de antes 2, 4 y 6. Pídales que anoten cómo se deben poner en práctica esas recomendaciones. Antes de resolver la actividad, pídales que comparen sus notas con un compañero.
Solución: *2. ser sincero: ser fiel a nuestros principios, no mentir, no querer evitar discusiones, no ceder siempre; 4. dedicarle tiempo a las amistades: saber escuchar a los demás, demostrar que entendemos sus problemas, ser empáticos, buscar tiempo para una relación de calidad con nuestros amigos; 6. ser constante y detallista: demostrar a nuestras amistades que nos importan, por ejemplo, felicitarles en sus cumpleaños o mandarles una tarjeta en Navidad, mandarles mensajes de cariño, demostrar interés*

6d. Ahora trabajarán de nuevo en los grupos que se formaron en la actividad **6a**. Pídales que hagan un *ranking* o lista de los consejos del pódcast que les parecen más importantes y que expliquen por qué. Para hacer la lista tendrán que negociar con sus compañeros interactuando oralmente. No hace falta una puesta en común.
Solución: *abierta*
Variación: Pídales que hagan una lista de los consejos que les parecen más importantes de mayor a menor importancia y que los escriban en una hoja grande o un póster. Invite a cada grupo a que cuelgue su pós-

ter en la clase o en la pizarra con un imán. Después, pida a todos los grupos que lean todas las listas y las comparen. ¿Hay coincidencias entre ellas? ¿Qué consejos se repiten en todos los grupos?

7 ¡Lo que tú quieras!

Objetivos:
expresar cómo se deja la decisión a otra persona – aprender y practicar el uso del presente de subjuntivo para dejar la decisión a otra persona – ejercitar la comprensión lectora – ejercitar la interacción oral

Actividad previa: Contextualice esta nueva secuencia explicando que en ella se tratará de un tema importante dentro del ámbito de las relaciones interpersonales: la toma de decisiones. Recuérdeles que en el pódcast de la actividad **6b** se mencionó que para mantener una amistad no siempre es bueno ceder en una discusión, sino que también puede ser beneficioso dejar clara nuestra posición si estamos convencidos.

7a. Forme grupos y realice la actividad como se indica en el libro. Deje que los alumnos discutan con sus compañeros, pase por las mesas y demuestre interés pero sin intervenir. No es necesaria una puesta en común.
Solución: *abierta*

7b. Disuelva los grupos. Pídales que lean los diálogos de forma individual y en silencio, fijándose en cómo termina cada discusión. Indíqueles que subrayen cómo ceden las personas y cómo lo expresan en cada diálogo. Después, pida a algún voluntario que resuelva el ejercicio.
Solución: *1. La madre cede. Dice: **Como tú digas**, es tu decisión.; 2. Francisco cede. Dice: Podemos ir a comer con ellos **cuando tú prefieras**.; 3. La segunda persona del diálogo cede. Dice: Pero si a ti te parece muy caro, hacemos **lo que tú quieras**.*

Actividad adicional: Reflexione con sus alumnos sobre el uso del presente de subjuntivo en los diálogos anteriores de **7b**, en los que los hablantes expresan que dejan la decisión a la otra persona. Remítalos también al cuadro del margen *Dejar la decisión a otra persona*.

7c. Forme parejas. Explíqueles que van a hacer un juego de roles. Para ello, primero tienen que elegir una de las situaciones presentadas en las fotos, leer las indicaciones y después escribir un diálogo inspirándose en los de la actividad **7b**. Pídales que decidan previamente quién va a ceder. Cuando hayan terminado de escribir sus diálogos, invítelos a que los escenifiquen en la clase.
Solución: *abierta*

A FLOR DE PIEL **8**

¡Consolidamos! El misterio de la relación rota

Objetivos:
repasar los contenidos de la unidad – ejercitar la expresión escrita y la expresión oral – hacer suposiciones – ejercitar la comprensión oral – ejercitar la interacción oral

Tarea:

a. Forme grupos. Explíqueles que el objetivo de la tarea es escribir la historia de una relación rota. Pídales que lean las tres tarjetas y que elijan una de ellas para escribir la historia. Recuérdeles que se trata de una relación que no continuó y que deben pensar qué pasó para que no tuviera un final feliz. Dirija su atención a la tarjeta del margen en la que aparece un ejemplo.
Solución: *abierta*
Sugerencia: Antes de escribir, deles unas pautas a sus alumnos para realizar la tarea. Sobre la **producción escrita** consulte la página 15 de esta Guía.

b. Cuando los grupos hayan terminado de escribir sus historias, pídales que las lean en la clase pero sin leer la parte de la historia en la que se cuenta el motivo de la ruptura. Este vacío de información motivará a los demás a hacer suposiciones sobre los motivos.
Solución: *abierta*

c. Después de escuchar las historias de los demás, cada grupo se reúne de nuevo para hacer suposiciones sobre los motivos de la ruptura y tomar notas. Anímelos a utilizar el futuro perfecto para hacer sus hipótesis e indíqueles su uso en la muestra de lengua. Deles tiempo para que piensen y escriban sus hipótesis. Al final, un portavoz de cada grupo leerá las hipótesis en clase. ¿Qué grupo acierta los motivos de la "versión original" de los otros grupos?
Solución: *abierta*

Tendiendo puentes
Palabras de amor

Objetivos:
aprender palabras y expresiones relacionadas con el afecto y el amor – ejercitar la comprensión lectora – ejercitar la interacción oral

Actividad previa: Contextualice el tema de este *Tendiendo puentes* diciéndoles a sus alumnos que tendrán ocasión de conocer más palabras y expresiones relacionadas con el afecto y el amor. Las palabras seleccionadas son las ganadoras del concurso de palabras y términos de amor en el marco del festival cultural *Hay Festival Querétaro* (México).

Información:
El evento cultural *Hay Festival* se celebró por primera vez en 1988 en la pequeña ciudad galesa de Hay-on-Wye, también llamada "Ciudad del libro" por contar con numerosas librerías de libros usados. En un principio, el festival consistía en un encuentro sobre literatura, música y otras artes. Con el tiempo, se ha convertido en un evento de talla internacional. En 1995 la idea inicial se extendió a otros países y en la actualidad se celebran *Hay Festival* en Cartagena de Indias, Medellín, Segovia, Arequipa o Querétaro, entre otros.

a. Forme parejas. Pídales que lean el texto en silencio y de forma individual, y que miren las fotos. En un primer paso, indíqueles que relacionen las fotos con las palabras descritas en el texto que aparecen en negrita. En un segundo paso, pídales que se imaginen y describan cómo sería la foto que ilustraría los términos y expresiones sin foto en la página. Después de un primer paso y antes de pasar al segundo haga una puesta en común para resolver o sugiera que comprueben en parejas. Al final, pida a algunos voluntarios que describan cómo sería la foto de las palabras que no tienen imagen.
Solución, primer paso: *Foto 1* – caricia; *Foto 2* – apapacho, corazón de melón; *Foto 3* – hacer manitas
Solución, segundo paso: *abierta*

b. Pídales a sus alumnos que elijan tres palabras o expresiones del texto y que expliquen el significado a su compañero con sus propias palabras. Después, el compañero hará lo mismo con otras tres palabras o expresiones.
Solución: *abierta*
Sugerencia: En la actividad anterior sus alumnos realizarán una mediación de conceptos. Sobre la **mediación** consulte la página 11 de esta Guía.

c. Forme grupos o junte a dos parejas. Explíqueles que cada uno tiene que pensar por separado una expresión o palabra de amor o afecto en su idioma que le guste especialmente, y escribir un comentario parecido a los del texto indicando qué significa, cuándo y con quién la utiliza, y qué emociones le evoca. Remítalos a la muestra de lengua antes de empezar. Después, cada miembro del grupo leerá su palabra y su comentario a los otros miembros de su grupo. No es necesaria una puesta en común.
Solución: *abierta*

Panorama 2 P2

La plaza

Objetivo:
repasar de manera lúdica los contenidos de las unidades 5 a 8

¿Cómo se juega?
Forme parejas. Cada uno necesitará un bolígrafo o un lápiz. El objetivo es cruzar el tablero contestando las preguntas. El jugador A intenta cruzar el tablero de izquierda a derecha, y el B de derecha a izquierda. Gana quien solucione bien el mayor número de tareas después de llegar al otro lado y terminar el juego. Para ello, cada jugador lee la pregunta, la contesta y marca en su tablero con un bolígrafo o un lápiz las casillas en las que ha resuelto la tarea. Si no contesta correctamente, se queda un turno sin jugar. Pueden moverse en todas las direcciones hasta llegar a la meta. Si se pisa una casilla donde ya se ha contestado la pregunta, hay que hacer la tarea otra vez, pero sin marcarla por segunda vez.

Solución: *1. sean; 2. aun; 3. sea; 4. p. ej.: Estoy de acuerdo contigo. / Yo no opino lo mismo.; 5. p. ej.: raqueta; aletas; casco; cuerdas; 6. p. ej.: Ponerse de pie y apoyarse en la pared. Estirar todo el cuerpo y presionar contra la pared.; 7. p. ej.: Te recomendaría que te levantaras de vez en cuando e hicieras pequeños ejercicios para los hombros, el cuello y la cabeza.; 8. Es muy saludable hacerse un masaje a fin de que / con tal de que se relajen los músculos del cuello.; 9. p. ej.: la espalda, las cejas, los ojos, la nariz, la sien, los labios; 10. p. ej.: planchar, fregar el suelo, limpiar las ventanas, lavar la ropa; 11. la ropa, el suelo; 12. tengas, hayas terminado; 13. p. ej.: Lo siento, pero se me ha roto tu taza favorita. Solo quería lavarla, ha sido sin querer.; 14. p. ej. ¿Te importaría regarme las plantas los próximos diez días? Es que me voy de viaje.; 15. p. ej.: positivos: la admiración, el amor; negativos: los celos, el rencor; 16. p. ej.: Voy a hablar de mi mejor amiga. De ella me gusta mucho su sinceridad y su optimismo. Pero me molesta que sea tan exagerada con la limpieza y con la ropa.; 17. p. ej.: No sé, seguramente se habrá puesto enfermo de repente y por eso no habrá podido venir y tampoco avisarnos.*

PANORAMA 2

1 El ayuno: ¿moda o tradición?

Objetivos:
activar conocimientos previos antes de la comprensión lectora

Déjelos trabajar en parejas. Haga una puesta en común sin resolver el ejercicio ya que en la actividad **2** podrán confirmar sus hipótesis.

2 Leemos

Objetivos:
ejercitar la compresión lectora – conocer información sobre el ayuno

2a. Pida a sus alumnos que lean de forma individual el texto.
Solución: <u>5:2</u>: ayuno intermitente, que consiste en comer cinco días de forma normal y los otros dos un máximo de 600 calorías al día.; <u>16:8</u>: ayuno intermitente en el que se come durante 8 horas y se deja de comer 16 horas.; <u>23:1</u>: Variedad de ayuno en el que se come durante una hora 23 horas restantes, no se come nada.; <u>6:1</u>: ayuno que consiste en dejar de comer un día a la semana.

2b. Pídales que realicen la actividad como se indica en el libro.
Solución posible: 1. se le atribuyen muchos beneficios.; 2. pasar 23 horas sin comer y solo una comiendo y bebiendo.; 3. no se hagan excesos.; 4. la pérdida de peso es de hasta el 8 por ciento en un plazo máximo de 24 semanas. Además se reduce el riesgo de enfermedades cardiovasculares, el cáncer y las condiciones neurodegenerativas.

3 Escribimos

Objetivos:
ejercitar la expresión escrita – aprender de los errores

3a. Trabajan en parejas formando grupos de cuatro.
3b. Pidales que realicen la actividad como se indica.
Sugerencia: Sobre la **corrección** de textos escritos consulte la página 17 de esta Guía y la ficha fotocopiable de en la página 54.

PANORAMA 2

1. La digitalización en nuestra vida diaria

Objetivos:
contextualizar y preparar el tema de la audición de la actividad **2**

Forme grupos. Pídales que hagan una lluvia de ideas a partir del esquema representado en la actividad.
Actividad adicional: Escriba en la pizarra el tema *digitalización* y haga la lluvia de ideas con toda la clase.

2. Todo oídos

Objetivos:
ejercitar la comprensión oral – colaborar y mediar con un compañero explicándole temas relacionados con el tema principal – desarrollar estrategias para mejorar la comprensión y la expresión oral

2a. Explique a sus alumnos que van a escuchar a varias personas hablando sobre el papel de la digitalización en sus vidas. En esta primera escucha, de tipo global, tendrán que marcar en su lluvia de ideas de **1** qué temas mencionan las personas. Después, haga una puesta en común.
Solución posible: *Persona 1:* comunicarse con sus hijos que viven en otras ciudades, chatear con sus amigas, mandar selfis a sus hijos; *Persona 2:* leer el periódico digital, recibir noticias en tiempo real, escucharlas en distintos dispositivos; *Persona 3:* adquisición de competencias digitales en el ámbito laboral, clases en línea, presentaciones con ayuda de aplicaciones o programas, teletrabajo

2b. Ahora realizarán una comprensión oral detallada. Ponga la audición dos veces si es necesario y deles tiempo para realizar la actividad.
Solución: *Persona 1:* Es positivo que a través del móvil pueda estar en contacto con sus hijos y sus amigas, por ejemplo, que se manden fotos o vídeos. Es negativo que no le contesten tan rápido como a ella le gustaría.; *Persona 2:* Solo le ve ventajas a la digitalización: lee el periódico y decide cuándo leerlo. Indirectamente colabora así con el medioambiente. Puede escuchar las noticias en tiempo real o ver videos desde diferentes dispositivos.; *Persona 3:* Considera que la digitalización en general es positiva y que forma parte de su cualificación laboral. En la formación que está haciendo, algunas clases son en línea y a veces tiene que hacer

presentaciones digitales. Le parece positivo poder teletrabajar. Le parece algo negativo o siente algo de inseguridad sobre cómo será el futuro en el mundo laboral. <u>Diferencias entre las tres personas:</u> *La persona 1 utiliza los dispositivos digitales en su vida privada, pero con restricciones. Por ejemplo, no sabe cómo se compra en Internet con su dispositivo digital.; La persona 2 aprovecha todos los recursos digitales.; La persona 3 tiene que utilizar las herramientas digitales en el trabajo, considera que la competencia digital es fundamental en su formación.*

Sugerencia: Escriba previamente en la pizarra una tabla como la que aparece a continuación. Pídales a sus alumnos que la copien. De esta manera la toma de apuntes les resultará más fácil. Utilice la tabla también después para resolver el ejercicio.

	Aspectos positivos	Aspectos negativos	Uso de la digitalización
Persona 1			
Persona 2			
Persona 3			

2c. Forme parejas. Anímelos a que trabajen de forma estratégica, como se indica en el cuadro del margen *Estrategia*, y que intenten aplicar de forma consciente todo el material comunicativo y lingüístico que han ido adquiriendo y practicando en las actividades anteriores.

Sugerencia: Planifique algo de tiempo para que sus alumnos se preparen antes de forma individual. Sugiérales que después de elegir la frase y observar las fotos, tomen notas de lo que van a explicarle al compañero y que utilicen el léxico y otros recursos trabajados en toda la secuencia. Sobre la **mediación** consulte la página 11 de esta Guía.

3 Hablamos

Objetivos:
ejercitar la interacción oral

Forme grupos nuevos. Mientras hablan, pase por las mesas sin intervenir y manteniéndose en segundo plano, pero tomando notas de errores recurrentes que presentará al final de la secuencia.
Sobre el **papel del profesor** consulte la página 19 de esta Guía.

Encuesta sobre las tareas domésticas

Objetivos:
elaborar una encuesta – ejercitar la interacción oral negociando con los compañeros – resumir los resultados de la encuesta y presentarlos – conversar y debatir con toda la clase

Tarea:
Actividad previa: Informe a sus alumnos de van a elaborar una encuesta para conocer la implicación de los miembros de la clase en las tareas domésticas.

a. Forme grupos. Pídales que decidan los criterios que van a tener en cuenta para elaborar las preguntas de la encuesta. Sugiérales que lean los criterios que aparecen en el ejercicio, que elijan los que consideren relevantes para ellos y que añadan más. Pase por las mesas y resuelva dudas. No es necesario hacer una puesta en común.

b. Una vez que hayan realizado la lista de criterios, pídales que formulen las preguntas correspondientes a esos criterios y las posibles respuestas u opciones. Dirija su atención a la ilustración de la hoja de la encuesta para que entiendan mejor la tarea. Deles tiempo suficiente.

c. Ahora, pídales que intercambien las encuestas que elaboraron en la actividad **b** entre los grupos, de modo que cada grupo tenga una encuesta sin respuestas. Indíqueles que se pongan de acuerdo para contestar a las preguntas de la encuesta. Solo podrán marcar una opción por pregunta. Por eso, explíqueles que marquen la opción mayoritaria, o se decidan por una. Cuando hayan terminado de contestar la encuesta, pídales que se la devuelvan al grupo que la elaboró, que se encargará de resumir los resultados.

d. En este último paso, cada grupo leerá los resultados de la encuesta en voz alta. Mientras tanto, usted anotará los resultados en la pizarra. Al final, con los resultados visualizados para todos, propicie una puesta en común en la que todos los alumnos comenten las diferencias, por ejemplo, entre hombres y mujeres, o entre edades diferentes. Actúe simplemente como moderador de la discusión.
Solución: *abierta*

Ficha fotocopiable 3

Unidad 7, Tendiendo puentes

Minirrelatos: un decálogo

¿Qué es un minirrelato? Si quiere conocer las características principales de este género, lea el siguiente decálogo y complételo con las palabras que faltan. Después compare con su compañero.

imágenes   temas   ironía   lenguaje   título   detalles
final   palabras

1. Es breve, tiene un máximo de 200 _____ .
2. El _____ es preciso y directo.
3. El _____ es sugerente, hace pensar.
4. En el minirrelato no se cuenta todo, no se describen los _____ .
5. Normalmente tiene un _____ cerrado sin continuación posible. A veces puede resultar abrupto.
6. Suele tratar de _____ universales que atañen a cualquier lector.
7. En el minirrelato, el autor busca principalmente atrapar al lector con _____ y acciones sorprendentes.
8. A veces se recurre a la _____ y al sarcasmo.

Solución: 1. palabras; 2. lenguaje; 3. título; 4. detalles; 5. final; 6. temas; 7. imágenes; 8. ironía

Lugares especiales 9

> **Comunicación:** hablar de los retos de las zonas rurales y urbanas, expresar condiciones irreales, invitar a hacer una hipótesis, participar en un debate
> **Gramática y léxico:** las oraciones condicionales irreales, conectores para expresar condiciones, léxico de demografía, los retos de las zonas rurales y de las grandes ciudades, recursos para el debate

1 Un lugar para vivir

Objetivos:
reactivar vocabulario sobre publicidad y anuncios publicitarios – ejercitar la comprensión oral – ejercitar la interacción oral

Actividad previa: Lea el título de esta Unidad 9 y sus objetivos, haciendo hincapié en lo que los alumnos serán capaces de hacer en español al final de esta lección.

1a. Forme grupos. Dirija su atención a las fotos y los pie de foto, y pídales que se imaginen la vida en esos lugares, por ejemplo, que piensen con qué infraestructura cuentan sus habitantes en cada sitio y de qué carecen. Sugiérales que lean la muestra de lengua antes de empezar y deles tiempo suficiente para interactuar con los compañeros. No es necesaria una puesta en común.
Solución: *abierta*

1b. Mantenga los grupos de antes y pregúnteles qué lugar de las fotos elegirían para hacer las actividades que aparecen en las cajitas. Pídales que justifiquen su elección. Durante la realización de la tarea, pase por las mesas y escuche cómo van resolviendo el ejercicio, pero sin intervenir o corregir. Si hay errores recurrentes, anótelos y coméntelos al final. Por último, haga una breve puesta en común con la participación de algunos voluntarios.
Solución: *abierta*

2 La España vaciada

Objetivos:
hablar del fenómeno demográfico de la España vaciada – presentar y practicar léxico relacionado con la demografía – ejercitar la comprensión oral – ejercitar la interacción oral

9 LUGARES ESPECIALES

Actividad previa: Contextualice la secuencia leyendo el título en voz alta y diciendo que en ella se tratará de un fenómeno demográfico importante en España: la despoblación de algunas zonas o "la España vaciada". Remítalos al texto de *Información* situado en el margen y deles tiempo para que lo lean. Después, conteste posibles preguntas de sus alumnos.

2a. Explíqueles que van a escuchar una entrevista con un experto en demografía y que la entrevista está dividida en dos partes. En esta actividad y en la siguiente escucharán la primera parte; en la actividad **2c**, la segunda. Para empezar, en la presente actividad **2a** realizarán una escucha de carácter global y de acercamiento al tema, y tendrán que tomar notas sobre el tema principal y los subtemas. Ponga la audición una vez solamente, ya que en la actividad siguiente podrán escucharla de nuevo. Después de la audición, pida a algún alumno que resuelva.

Solución: *El tema principal es la situación de algunos pueblos en España que sufren un proceso de despoblación. Hay dos tipos de comunidades: las que pierden habitantes desde hace años, pero que todavía pueden recuperarlos si se toman las medidas adecuadas, y las que están a punto de desaparecer porque tienen muy pocos habitantes y la tasa de nacimientos es cero.*

2b. Sus alumnos volverán a escuchar la entrevista de **2a**, pero ahora fijándose en los detalles. Para ello, pídales que lean previamente las frases del ejercicio. Indíqueles que tienen que marcar la opción correcta y que solamente hay una opción correcta por ítem. Antes de empezar, asegúrese de que entienden bien las frases y aclare problemas de léxico de no ser así. Después de la audición, resuelva con la participación de algún voluntario.

Solución: *1 – c); 2 – b); 3 – a); 4 – a); 5 – c)*

2c. Ahora tendrán la oportunidad de escuchar la segunda parte de la entrevista. Dirija la atención de sus alumnos a las dos preguntas que tienen que contestar y pídales que las lean. En la primera pregunta tienen que marcan las causas y las consecuencias que se mencionan de entre las que aparecen en las cajitas. Asegúrese de que entienden el vocabulario. Para contestar a la segunda pregunta recomiéndeles que tomen notas. Después ponga la audición dos veces. Deles tiempo para que marquen y tomen notas. Al final, resuelva con la ayuda de algún voluntario.

Solución: *1. a, c, d, f, i; 2. Hay iniciativas revitalizadoras desde la economía, la política o el turismo. Por ejemplo la Fundación Santa María de Albarracín, dedicada a restaurar el patrimonio artístico y arquitectónico de Albarracín, y que además ofrece talleres y visitas guiadas. Así se han creado puestos de trabajo en el sector de la educación y se ha dinamizado el turismo de la región. También hay otras iniciativas en Internet*

LUGARES ESPECIALES 9

que se encargan de poner en venta casas en zonas rurales abandonadas. O también existen las ecoaldeas por ejemplo en Galicia, comunidades cien por cien ecológicas.
Sugerencia: En esta actividad se realiza una comprensión de un texto auditivo en varios pasos. Invite a sus alumnos a que comparen los resultados de cada paso con un compañero antes de resolver en el pleno. Sobre las estrategias de **comprensión oral** puede consultar la página 14 de esta Guía.

2d. Forme grupos. Anímelos a que hablen sobre el tema de toda la secuencia, la despoblación de las zonas rurales, desde el punto de vista del lugar donde viven. Pídales que expliquen las posibles causas y las consecuencias que aprecian en ese lugar. Lea la muestra de lengua o pida a dos voluntarios que la lean para toda la clase. Mientras interactúan, observe y escuche con interés pero sin intervenir directamente.
Solución: *abierta*
Actividad adicional: Si observa que la actividad **2d** puede dar juego con toda la clase, haga una puesta en común para que todos den su opinión.
Solución: *abierta*

3 Posibles soluciones a la España vaciada

Objetivos:
expresar condiciones acerca de hechos irreales o evocar situaciones imaginarias sobre una acción presente o futura – aprender y practicar el uso del pretérito imperfecto de subjuntivo y del condicional simple en las oraciones condicionales – ejercitar la comprensión lectora compartida y la mediación

3a. Forme parejas. Explíqueles que ahora recibirán más información sobre algunas soluciones a la España vaciada de la mano de dos personas, Rosario Sepúlveda y Fernando Giménez. Para ello, un miembro de la pareja leerá el texto de la página 83 y el otro, el de la página 177. Deje que cada uno, de forma individual y en silencio, lea su texto. A continuación, pídales que hagan las preguntas que aparecen en el ejercicio a su compañero y que también contesten a las de su compañero. El alumno que ha leído el texto de la página 83 sobre Rosario, hará las preguntas sobre el texto B sobre Fernando, que aparecen en la página 83. El alumno que ha leído el texto de la página 177 sobre Fernando, encontrará también en esa página las preguntas que tiene que hacerle a su compañero sobre Rosario. Esta forma de lectura colaborativa y de mediación aumenta la motivación y hace que todos aprendamos de

9 LUGARES ESPECIALES

todos de una forma eficaz sin tener que invertir demasiado tiempo, ya que solo se lee un texto. No hace falta una puesta en común. Sobre la **mediación** consulte la página 11 de esta Guía.

Solución: *Respuestas a las preguntas sobre el texto A:* a. Personas mayores, sobre todo hombres solteros mayores que se dedican a la agricultura o a la ganadería.; b. El pueblo se ha ido quedando sin servicios. No hay tienda, ni bar, ni médico. La vida social y cultural es muy escasa o nula.; c. Los gobiernos deberían apoyar a las empresas que quieran instalarse en esa zona. Así habría puestos de trabajo y los jóvenes no se irían de los pueblos.; *Respuestas a las preguntas sobre el texto B:* a. Critica principalmente la falta de personal sanitario en estas zonas.; b. Porque además de no haber servicio sanitario, tampoco hay Internet o transporte público, por ejemplo, una red ferroviaria en condiciones. La región no está bien conectada.; c. Los médicos jóvenes tendrían que tener incentivos económicos para ejercer en los pueblos. Tendría que mejorarse la situación del transporte y la infraestructura de las zonas rurales en general.

3b. Pídales que se fijen en las frases en cursiva de ambos textos y que marquen la opción correcta en *Mi gramática*. Anímelos a que comparen los resultados con un compañero y después pida a un voluntario que resuelva.

Solución: *imperfecto de subjuntivo; condicional*

Sugerencia: Reflexione unos minutos con sus alumnos sobre este tipo de oraciones y el uso de los tiempos verbales en ellas, y asegúrese de que entienden bien cómo se construyen.

3c. Ahora podrán practicar lo aprendido en **3b**. Pida a sus alumnos que lean las frases y que las completen. Hay varias posibilidades. Después pida a un voluntario que lea sus soluciones.

Solución posible: *1. abandonarían; 2. incentivaran; 3. ejercerían; 4. fueran*

Sugerencia: Llame la atención de sus alumnos sobre el uso del color naranja en los verbos de las frases 1 y 3. Después escriba en la pizarra de forma esquemática las formas verbales de todas las frases de **3c** y marque con colores distintos el pretérito imperfecto de subjuntivo y el condicional. Marque también la conjunción *si* con el mismo color que el pretérito imperfecto de subjuntivo, para que quede más claro el uso de este tiempo en estas oraciones.

1	no abandonarían	si tuvieran
2	si invirtieran	habría
3	ejercerían	si recibieran
4	sería	si fueran

LUGARES ESPECIALES

Sugerencia: Si tiene la impresión de que sus alumnos tienen problemas con la morfología del condicional simple y del pretérito imperfecto de subjuntivo, planifique algo de tiempo para repasarla. Las formas del condicional simple se trabajaron por primera vez en la unidad 6 de *Impresiones B1*; las del pretérito imperfecto de subjuntivo se presentaron en la unidad 2 de *Impresiones B2*. También puede escribir en la pizarra la siguiente tabla:

Condicional simple	Imperfecto de subjuntivo
yo cantaría	yo cantara
Infinitivo +	3a. persona plural del pretérito indefinido sin **-ron** (cantaron) +
-ía	-ra
-ías	-ras
-ía	-ra
-íamos	-ramos
-íais	-rais
-ían	-ran

4 Tu lugar ideal para vivir

Objetivos:
hablar de lugares ideales para vivir – invitar a formular una hipótesis a partir de una pregunta hipotética – ejercitar la interacción oral

Forme parejas. Pídales que formulen preguntas hipotéticas sobre los lugares ideales para vivir del compañero y anote sus respuestas. Después junte a dos parejas e indíqueles que cada uno hablará del compañero de antes y de sus preferencias. Antes de empezar, remítalos al cuadro del margen *Invitar a formular una hipótesis* y sugiérales que lo lean. Indíqueles que lean también la muestra de lengua antes de empezar.
Solución posible: *1. ¿En qué lugar vivirías si fueras millonaria?; 2. ¿Qué harías si no encontraras trabajo en el lugar donde vives?; 3. Si vivieras en un pueblo y encontraras trabajo en una ciudad, ¿preferirías mudarte a la ciudad o viajar diariamente desde el pueblo?; 4. Si pudieras elegir entre vivir en la montaña o junto al mar, ¿qué preferirías?; 5. Si fueras la única persona joven de tu pueblo, ¿emigrarías a la ciudad?*

9 LUGARES ESPECIALES

5 Logros y retos de una gran ciudad

Objetivos:
conocer datos importantes sobre Bogotá – interpretar una infografía – hablar de medidas para afrontar los retos de las grandes ciudades – ejercitar la comprensión lectora – ejercitar la comprensión oral – ejercitar la interacción oral

5a. Escriba en la pizarra la palabra "Bogotá" y pida a sus alumnos que digan todo lo que saben sobre esta ciudad en forma de lluvia de ideas. Anote en la pizarra lo que le indiquen. Antes de empezar, sugiérales que lean la muestra de lengua. En la lluvia de ideas propicie la participación de todos.
Solución: *abierta*

5b. Dirija la atención de sus alumnos a la infografía *Bogotá en datos* y pídales que observen las imágenes, lean los textos y busquen un título para los apartados. Después indíqueles que intercambien sus propuestas con un compañero y que asimismo comenten qué datos no conocían, y si les ha sorprendido algo y qué exactamente. Resuelva con la colaboración de algunos voluntarios, pero avíseles de que puede haber más de una solución válida.
Solución posible: primer apartado a la izquierda: Población; segundo apartado a la izquierda: Empleo; tercer apartado a la izquierda: Pobreza; primer apartado en el medio: Altitud, longitud y clima; segundo apartado en el medio: Medio ambiente y ecología; primer apartado a la derecha: Parques y ciclovías; segundo apartado a la derecha: Transportes y movilidad

5c. En esta actividad sus alumnos escucharán un pódcast en el que una periodista habla sobre los retos y logros de Bogotá. El pódcast tiene dos partes; en esta actividad solo tendrán que escuchar la primera parte o introducción, y marcar los temas de la infografía de **5b** a los que se refiere la periodista. Antes de escuchar, dirija la atención de sus alumnos a la infografía para que, mientras escuchan, marquen ahí los temas. Ponga la audición dos veces si lo considera necesario, deles un poco de tiempo, deje que comparen los resultados con un compañero y después resuelva con la colaboración de algún alumno.
Solución: *altitud/altura; población; empleo*

5d. Después de la introducción al pódcast de **5c**, ahora la periodista menciona algunas medidas necesarias para afrontar los retos de la capital. Se trata de un nuevo audio. Pida a sus alumnos que lean primero las medidas que aparecen en el ejercicio. Indíqueles que tienen que marcar cuál de ellas dice la periodista. Ponga la audición dos veces si cree que es necesario. Después de marcar y comparar las soluciones con un

compañero, resuelva el ejercicio con la participación de algún voluntario. A continuación, abra un debate espontáneo, para que sus alumnos opinen sobre las medidas que aplicaría cada uno de ellos en el lugar donde vive. Antes de empezar, pídales que lean la muestra de lengua.
Solución: *La periodista menciona las medidas siguientes: 2, 3, 5, 6, 8.*

6 Los ciudadanos opinan

Objetivos:
conocer las opiniones de algunos ciudadanos sobre los retos de Bogotá – ampliar y practicar los conectores que expresan condición – ejercitar la comprensión lectora

6a. Algunos ciudadanos de Bogotá hacen propuestas para mejorar su ciudad en un portal virtual de la Alcaldía. Pida a sus alumnos que lean en silencio y de forma individual las intervenciones y que busquen la continuación de cada una en las frases 1–5. Cuando hayan terminado de relacionar, resuelva el ejercicio con la ayuda de algún voluntario. Después, anímelos a debatir en el pleno diciendo a qué tema se refiere cada persona del foro y si las propuestas les parecen realistas o no.
Solución: *Wilson Cardozo – 2; Rafael Restrepo – 5; Katherine Robledo – 1; Natalia Siachoque – 3; Doris Segura – 4*
<u>Wilson Cardozo</u> *se refiere al tema de la contaminación de ríos y canales.;* <u>Rafael Restrepo</u> *habla de la necesidad de apoyar a los jóvenes de las zonas más desfavorecidas.;* <u>Katherine Robledo</u> *plantea el tema de la contaminación ambiental debida al exceso de motocicletas y carros particulares en la ciudad.;* <u>Natalia Siachoque</u> *trata del tema de la red de transporte público. Dice que todavía no es suficiente.;* <u>Doris Segura</u> *se refiere al tema de la asistencia sanitaria deficiente para personas sin seguro médico, algo que afecta sobre todo a las personas mayores.*

6b. Pida a sus alumnos que vuelvan a leer las propuestas de **6a** y que subrayen en ellas los conectores que introducen una condición. Invítelos a que reflexionen sobre el uso de estos conectores y que digan con cuál/es se utiliza el modo subjuntivo y cómo expresarían esos conectores en su lengua. Después, resuelva el ejercicio en diálogo con sus alumnos. Termine la actividad, remitiéndolos al cuadro del margen *Otros conectores para expresar condición* y sugiérales que lean los ejemplos de forma individual o en parejas.
Solución: <u>Wilson Cardozo:</u> *La calidad de vida en la ciudad podrá mejorar* **siempre que** *las autoridades* **apuesten** *por la recuperación de ríos y canales.;* <u>Rafael Restrepo:</u> *No se solucionarán los problemas de la juventud,* **excepto si se invierte** *en serio en educación y programas recreativos*

9 LUGARES ESPECIALES

para los jóvenes.; <u>Katherine Robledo:</u> *La contaminación en la ciudad disminuirá considerablemente solo* **en caso de que se aplique** *eficazmente la ley...*; <u>Natalia Siachoque:</u> *La red de transporte masivo en Bogotá sigue siendo insuficiente y seguirá empeorando* **a menos que** *el Gobierno* **planifique** *una ampliación seria de la flota de autobuses...*; <u>Doris Segura:</u> *La situación irá a peor* **a no ser que** *el Estado* **cambie** *su política social...*
Se utiliza el presente de subjuntivo después de **siempre que, en caso de que, a menos que, a no ser que.**

Actividad adicional: Llámeles la atención sobre la diferencia de uso del indicativo y del subjuntivo cuando se utiliza la conjunción *si* (y *excepto si*) en las oraciones condicionales "reales" y cuando se emplean otras expresiones como *siempre que, en caso de que, a menos / a no ser que*. Escriba en la pizarra algunas de las frases anteriores y pida a sus alumnos que las transformen utilizando la conjunción *si*. Anote en la pizarra los resultados.

1	La calidad de vida en la ciudad podrá mejorar	siempre que las autoridades apuesten por... si apuestan por
2	La contaminación disminuirá	en caso de que se aplique la ley... si se aplica
3	La red de transporte seguirá empeorando	a menos que el Gobierno planifique... si no planifica
4	La situación irá a peor	a no ser que el Estado cambie... si no cambia

6c. En esta última actividad de la secuencia, sus alumnos podrán practicar lo aprendido en grupos y proponer ellos mismos soluciones. Para ello, pídales que lean las frases de la columna de la izquierda, busquen la continuación en la derecha y las unan con un conector adecuado. Invítelos asimismo a que añadan tres frases más en las que formulen otros problemas que tiene una ciudad grande según su opinión. Durante la actividad, pase por las mesas y apóyelos si tienen dudas o se sienten inseguros. Haga una puesta en común para que algunos alumnos voluntarios formulen sus frases a modo de ejemplo para todos.
Solución: *1 – d: Los servicios públicos en las ciudades serán cada vez más costosos a menos que / a no ser que los ayuntamientos subsidien parte de los gastos; 2 – b: La infraestructura urbana y sostenible seguirá en aumento a menos que / a no ser que los intereses económicos de las grandes constructoras se interpongan.; 3 – a: Los habitantes de las*

LUGARES ESPECIALES **9**

ciudades se desplazarán más en bicicleta siempre que / en caso de que las redes de ciclorrutas sean aptas.; 4 – c: No bajará el nivel de contaminación en el centro excepto si se cierra al tráfico de automóviles.

7 ¿Vivir en un pueblo o en una ciudad?

Objetivos:
reactivar y ampliar los recursos para el debate – debatir sobre las ventajas e inconvenientes de vivir en un pueblo o en una ciudad – ejercitar la comprensión lectora – ejercitar la interacción oral

7a. Contextualice la actividad diciendo a sus alumnos que van a conocer distintas opiniones que surgieron en una mesa redonda sobre las ventajas e inconvenientes de vivir en un pueblo o en una ciudad. Pídales que las lean de forma individual y en silencio, y que decidan qué persona de los participantes está de acuerdo con la opinión 1, que encuentran en el centro. Avíselos de que es importante empezar por la opinión 1 y que deben leer las intervenciones tal y como están numeradas en la actividad. Después de resolver, abra un debate para que tengan la oportunidad de explicar en el pleno con qué persona/s y opiniones están de acuerdo y por qué.
Solución: *Está de acuerdo con la primera opinión: 3*

7b. En las opiniones de **7a** aparecen algunas expresiones que son muy útiles para dinamizar un debate y expresar matices distintos. Pida a sus alumnos que lean los textos de **7a** otra vez y que busquen en las cajitas de **7b** las expresiones equivalentes a las que aparecen en cursiva en las opiniones de **7a**. Pídales que lean las expresiones de la caja antes de empezar a trabajar. Al final resuelva o deje que algún alumno diga las soluciones.
Solución: *1. por cierto: a propósito; 2. mejor dicho: en otras palabras; 3. en relación con: respecto a / en cuanto a; 4. de todas maneras: de todos modos / de cualquier manera; 5. en cualquier caso: de cualquier manera / de todos modos*
Sugerencia: Explique las diferencias de significado entre unas estructuras y otras, y su importancia para que un debate sea fluido. Para ello, remítalos al cuadro del margen *Recursos para debatir* y deje que lo lean en parejas.

7c. Forme grupos grandes o trabaje con toda la clase, e indíqueles que van a debatir haciendo una cadena de opiniones. Primero, sugiérales que se preparen un poco y tomen notas de los argumentos que van a aportar. Después, dé la palabra a un alumno voluntario de cada grupo o bien de toda la clase, que será el encargado de empezar la cadena de

opiniones. El compañero a su derecha continuará dando su opinión y así sucesivamente hasta completar la cadena, pero, ¡importante!, incluyendo en cada intervención al menos una de las expresiones de 7a o 7b. Antes de empezar, pida a dos voluntarios que lean en voz alta la muestra de lengua.
Solución: *abierta*
Variación: Para que sus alumnos se sientan motivados para practicar las nuevas expresiones en el debate, puede plantear la actividad como si fuera un concurso en toda la clase. Por cada expresión de **7a** o **7b** mencionada por un alumno, dele un punto. ¿Quién consigue más al final del debate?

¡Consolidamos! Nuestra mesa redonda

Objetivos:
repasar los contenidos de esta unidad – debatir en una mesa redonda

Tarea:

a. Indíqueles que van a debatir con toda la clase. Para ello, deben elegir entre todos uno de los titulares presentados en la actividad. Además, invítelos a que nombren un moderador. Lea los titulares en voz alta y deje que elijan por votación uno de ellos. Después, pregunte si algún voluntario quiere moderar el debate. Si no, elíjalo al azar a partir de las propuestas del apartado **formas grupales** de la página 18 de esta Guía.
Solución: *abierta*

b. Ahora divida la clase en dos grupos. Explique los pasos para prepararse para el debate: primero, cada grupo decidirá en el pleno si va a estar en contra o a favor. Después, buscarán un nombre para su grupo y harán una lista de argumentos. Por último, si lo desean, podrán hacer un cartel para apoyar su opinión. En el margen tienen un ejemplo de cómo podría ser el cartel. Deles tiempo para que realicen el trabajo en los grupos, pase por las mesas y siga con interés el desarrollo de la actividad.
Solución: *abierta*

c. Cuando estén preparados, pídales que se sitúen en el aula de forma que puedan verse todos, e invítelos a que presenten sus argumentos para defender sus posiciones. Anímelos a que utilicen muchas expresiones y conectores diferentes.
Solución: *abierta*

LUGARES ESPECIALES **9**

Tendiendo puentes
Sevilla, ¡qué maravilla!

Objetivos:
conocer frases célebres o dichos relacionados con algunas ciudades del ámbito hispano – repasar o aprender vocabulario nuevo sobre la historia de las ciudades – ejercitar la comprensión lectora – ejercitar la interacción oral

Sugerencia: En la página de *Tendiendo puentes* de la Unidad 1, así como en esta Guía en la página 7, se explica el concepto de estas páginas de sociocultura.

a. Forme parejas. Indique a sus alumnos que la actividad se compone de varias partes o subactividades. La primera consiste en una preparación para la lectura. Para ello, dirija la atención de sus alumnos a las fotos y pregúnteles si conocen o reconocen las ciudades que se muestran en ellas. En la segunda parte, de comprensión lectora global, leerán el texto y confirmarán o identificarán, mediante las descripciones que aparecen en él, qué ciudades muestran las imágenes y qué relación existe entre ellas. En la tercera subactividad, de comprensión lectora más detallada, volverán a leer el texto, pero fijándose ahora en las frases que aparecen en cursiva. Pídales que expliquen el origen o el significado de estas frases con sus palabras. Lea la muestra de lengua antes de dejarles trabajar con el compañero. Después resuelva o pida a un voluntario que lo haga.

Solución: *Foto 1:* Madrid; *Foto 2:* Buenos Aires; *Foto 3:* Sevilla; *Foto 4:* Bogotá. *La relación que establece el texto entre estas ciudades es que todas ellas son protagonistas de frases célebres o populares, o bien son ciudades que han inspirado a artistas.*
"Quien no ha visto Sevilla no ha visto maravilla" *es un dicho popular que se refiere a la belleza de la ciudad. Aparece en los grabados ingleses y holandeses de los siglos XVI y XVII.;* *"De Madrid al cielo"* *es una frase típica de los madrileños o las madrileñas para referirse a su ciudad. En el siglo XVIII el rey Carlos III promovió grandes reformas en la ciudad para hacerla más hermosa.;* *"Quien no ha estado en Granada no ha visto nada":* *con esta frase se elogia a esta famosa ciudad andaluza.;* *"Todas las ciudades tienen su encanto. Granada el suyo y el de todas las demás".*
Sugerencia: Haga la actividad en distintos pasos, resolviendo cada uno antes de seguir con el siguiente y sugiriendo a sus alumnos que comprueben las soluciones con un compañero antes de resolver en el pleno.

b. Para que sus alumnos aprendan o recuerden palabras y expresiones relacionadas con este tipo de texto informativo y de carácter histórico,

LUGARES ESPECIALES

pídales que relacionen las definiciones o sinónimos que aparecen en la actividad con una palabra o expresión similiar en los textos. Indíqueles que cada palabra o expresión de este ejercicio va acompañada de la letra A o de la letra B entre paréntesis, lo cual quiere decir que tienen que buscar el sinónimo en el texto A o B de arriba. Deles tiempo para buscar y escribir, y al final pida a algunos voluntarios que resuelvan. También pueden comprobar previamente las soluciones con un compañero.
Solución: *1. frases famosas: frases célebres, dichos conocidos; 2. se registra: se documenta; 3. data de: se remonta a; 4. colina, montaña pequeña: cerro; 5. saborear: degustar; 6. natural de Buenos Aires: porteño*

c. Forme grupos. Pídales que piensen en dichos, refranes o citas relacionados con lugares especiales. Pregúnteles si conocen alguna característica o si saben el origen. Anímelos a que compartan la información con sus compañeros. Antes de empezar, sugiérales que lean la muestra de lengua para que quede más clara la tarea. Haga una puesta en común con las aportaciones de algunos alumnos.
Solución: *abierta*

Rompiendo esquemas 10

> **Comunicación:** hablar de hechos históricos y de biografías, utilizar la voz pasiva, expresar condiciones irreales sobre acciones pasadas
> **Gramática y léxico:** la voz pasiva, el condicional compuesto, el pretérito pluscuamperfecto de subjuntivo, las oraciones irreales del pasado, léxico relacionado con la biografía de una persona, léxico de acontecimientos históricos y políticos, origen de algunas palabras del español

1 Hitos y personajes del siglo XX

Objetivos:
hablar de acontecimientos históricos y personajes destacados del siglo XX – repasar y ampliar el vocabulario de acontecimientos históricos importantes

Actividad previa: Lea el título de esta Unidad 10 y los objetivos, haciendo hincapié en lo que los alumnos serán capaces de hacer en español al final de la unidad. Contextualice la unidad diciendo que en ella tendrán ocasión de conocer a personajes muy interesantes de la historia del siglo XX y, sobre todo, a mujeres que "rompieron esquemas".

1a. Forme grupos. Dirija su atención a las personas de las fotos y a los pies de foto, y pídales que relacionen a estas personas con los acontecimientos históricos de las cajitas. Durante el desarrollo de la actividad, pase por las mesas y escuche con interés. Después, resuelva con la participación de algún voluntario.
Solución: *Foto 1:* Yo asocio a Rosa Parks con los movimientos por los derechos civiles y contra el racismo.; *Foto 2:* Yo asocio a Mijaíl Gorvachov con la apertura de los países del Este y con la caída del Muro de Berlín.; *Foto 3:* Y asocio a Neil Amstrong con la llegada a la Luna.; *Foto 4:* Yo asocio a Emmeline Pankhurst con las reivindicaciones feministas por el sufragio femenino.
Información:
Rosa Parks nació en Tuskegee, Alabama, Estados Unidos, en 1913 y murió en Detroit, Michigan, en 2005. Fue modista, secretaria y defensora de los derechos de la población afroamericana participando en distintos movimientos. El 1 de diciembre de 1955 tuvo lugar el incidente en un autobús que la haría famosa, cuando se negó a dejar su asiento a un viajero blanco. Rosa Parks fue arrestada y tuvo que pagar una multa. Este incidente tuvo como efecto la creación de la asociación *Montgomery Improvement Association*, cuyo objetivo principal fue

defender los derechos civiles de la minoría afroamericana y que contó con Martin Luther King como presidente. La asociación consiguió al final la abolición de la segregación en los transportes públicos. Durante toda su vida, Rosa Parks siguió luchando de forma activa contra el racismo. En 1999 recibió la Medalla de Oro del Congreso de manos del presidente Bill Clinton.

Mijaíl Gorvachov nació en 1931 en Privólnoie, en la antigua Unión Soviética (URSS). En 1952 se afilió al Partido Comunista, pasando a ocupar el cargo de secretario general en 1985. Entre 1985 y 1990 llevó a cabo reformas de la sociedad y economía soviéticas con la llamada "Perestroika" y la democratización interna del partido a través de la "Glasnot". De 1990 a 1991 fue presidente de la Unión Soviética y contribuyó a la transformación de todo el panorama político internacional poniendo fin a la Guerra Fría y promoviendo la Caída del Muro de Berlín. En 1990 recibió el Premio Nobel de la Paz y actualmente es líder de la Unión de Socialdemócratas de Rusia.

Neil Armstrong nació en 1930 en Wapakoneta, Ohio, Estados Unidos, y murió en 2012. Fue el primer ser humano en pisar la Luna. En 1949 ingresó en la marina como aviador y años más tarde se unió a la NASA (entonces NACA). En 1962, Armstrong fue nombrado astronauta y unos años más tarde se le encomendó la tarea de dirigir la misión Apolo 11, que aterrizó en la Luna el 20 de julio de 1969. A él se debe la célebre frase: "Es un pequeño paso para el hombre, pero un gran salto para la humanidad". Tras su carrera como astronauta, ocupó distintos cargos en la NASA y fue profesor en la Universidad de Cincinnati.

Emmeline Pankhurst nació en Mánchester, Inglaterra, en 1858, y murió en Londres en 1928. Fue una activista política que luchó en favor del derecho a voto de las mujeres, liderando el movimiento "sufragista". En su vida fundó varias asociaciones y protagonizó numerosos actos de protesta, por los que pasó varias temporadas en la cárcel. Justo antes de conseguir su objetivo, que todas las mujeres mayores de 21 años pudieran votar, falleció a la edad de 69 años.

1b. Mantenga los grupos de la actividad **1a**. Pídales que cada miembro del grupo piense qué dos acontecimientos de **1a** considera más importantes para la humanidad y que explique por qué. También pueden añadir otros acontecimientos. Sugiérales que lean la muestra de lengua antes de empezar. No es necesaria una puesta en común, pero pase por las mesas y escuche las discusiones de cada grupo mostrando interés.
Solución: *abierta*

ROMPIENDO ESQUEMAS

10

2 Hicieron historia

Objetivos:
conocer la vida de dos mujeres importantes del ámbito hispanohablante – repasar y ampliar el léxico de las biografías, la historia y la política – ejercitar la comprensión lectora de forma colaborativa – mediar informaciones

2a. Divida a la clase en dos grupos. Indíqueles que cada grupo leerá uno de los textos que relatan la biografía de dos mujeres que hicieron historia. Pídales que primero cada miembro del grupo lea el texto de forma individual y en silencio, y que cada uno tome nota de los datos más importantes. En una segunda fase, cada grupo se pondrá de acuerdo en los datos más importantes de su texto y hará un resumen, el cual leerá posteriormente un portavoz del grupo en la clase. Este tipo de actividades de lectura colaborativa y de mediación son muy motivadoras y apoyan el aprendizaje mutuo entre los alumnos. Sobre la **mediación** consulte la página 11 de esta Guía.
Solución: *abierta*
Sugerencia: Mientras que un portavoz de un grupo lee en voz alta el resumen, anime a los miembros del otro grupo a que escuchen de forma activa, anotando palabras que no entiendan, datos poco claros o preguntas.
Actividad adicional: En diálogo con sus alumnos, "cree puentes" entre Matilde y Clara, invitándolos a que busquen datos similares en la biografía de ambas mujeres. Después, anímelos a que piensen en otras mujeres de la historia universal o de su país que rompieron esquemas o que destacaron en algo. Haga una puesta en común con los resultados.
Solución posible: *Las dos fueron pioneras en la lucha por las libertades de las mujeres en un tiempo muy parecido y a ambos lados del Atlántico, Matilde nació en 1889 y Clara en 1888.; Las dos estudiaron en la universidad en sus respectivos países.; Consiguieron grandes avances por la igualdad de derechos de las mujeres a nivel legislativo.*

2b. Forme parejas. Pídales que lean los adjetivos que aparecen en las cajitas y aclare posibles dudas. Estos adjetivos los ayudarán a describir los caracteres de Matilde Hidalgo y Clara Campoamor. Indíqueles que justifiquen sus respuestas con ejemplos de los textos de **2a**. Antes de empezar, sugiérales que lean la muestra de lengua. No es necesaria una puesta en común.
Solución: *abierta*

10 ROMPIENDO ESQUEMAS

3　¡Más datos sobre estas y otras grandes mujeres!

Objetivos:
obtener más información sobre Matilde Hidalgo y Clara Campoamor – conocer a otras grandes mujeres y sus logros – presentar y practicar la voz pasiva – ejercitar la comprensión lectora

3a. Contextualice la actividad diciéndoles a sus alumnos que a continuación podrán obtener más información sobre Matilde Hidalgo y Clara Campoamor. Para ello deben leer las frases, decidir si se refieren a Matilde o a Clara, y escribir junto a cada frase M o C en un caso u otro. Anímelos a que deduzcan a quién se refieren las frases mediante los conocimientos previos que han adquirido en la actividad **2a**. Deles algo de tiempo para realizar la actividad y después pida a algunos voluntarios que resuelvan.
Solución: *1. M; 2. C; 3. C: 4. M*

3b. Las frases del ejercicio **3a** sirven de *input* para presentar un tema nuevo: la voz pasiva. Pida a sus alumnos que vuelvan a leer las frases de **3a**, y se fijen en las estructuras en cursiva y en cómo se forma la voz pasiva. Después, indíqueles que completen la explicación de *Mi gramática*. Cuando hayan terminado de analizar y completar, anímelos a que comparen con un compañero. Al final, pida a algún voluntario que resuelva.
Solución: *ser; participio*
Sugerencia: Dedique unos minutos al cuadro del margen *La voz pasiva ser + participio*, en el que se explica otra vez la estructura y su uso, restringido en español sobre todo al lenguaje formal y escrito. Escriba un ejemplo en la pizarra para visualizar la diferencia entre la voz activa y la voz pasiva.

3c. Mari Pepa Colomer y Eloísa Díaz Inzunza son otras dos grandes mujeres olvidadas por la historia, pero que consiguieron grandes cosas en sus respectivos países. Sus alumnos podrán conocer su biografía completando los dos textos sobre ellas de esta actividad. Pídales que rellenen los huecos con las formas que faltan de la voz pasiva. Cuando hayan terminado, sugiérales que comparen con un compaño y, para terminar, pida a algún voluntario que resuelva.
Solución: <u>Mari Pepa Colomer</u>: *fue aceptada; fueron publicadas; fueron pilotados*; <u>Eloísa Díaz Inzunza</u>: *fue nombrada; son reconocidos*

ROMPIENDO ESQUEMAS 10

Actividad adicional: Si durante las últimas secuencias ha observado en sus alumnos interés por la vida de las mujeres presentadas en las páginas 90 y 91, pídales que preparen en casa una pequeña presentación sobre alguna de ellas buscando información adicional en Internet. Pueden hacer la búsqueda y la presentación en parejas o en pequeños grupos. Anímelos a usar material fotográfico para ilustrar su presentación.
Solución: *abierta*

4 Nuestros ídolos

Objetivos:
hablar de otros personajes históricos que admiramos – expresar deseos sobre acciones pasadas – presentar y practicar las formas del condicional compuesto – ejercitar la comprensión oral

4a. Contextualice esta nueva actividad comentando con sus alumnos que todos tenemos "ídolos" o personajes que admiramos, y que podrán hablar de ellos al final de la secuencia. Para empezar, trabajarán en grupos haciendo una lluvia de ideas sobre los cuatro personajes que se proponen en las cajas: Marie Curie, Martin Luther King, Diego Armando Maradona y Coco Chanel. Anímelos a que anoten todo lo que saben o recuerdan de estas personas. Mientras tanto, escriba en la pizarra el nombre de las cuatro personas. Cuando hayan terminado de hacer la lluvia de ideas en los grupos, pídales que digan los datos que han recopilado y escríbalos en la pizarra para que todos aprendan de todos.
Solución: *abierta*

4b. Explique a sus alumnos que van a escuchar a unos amigos hablando de dos de los personajes anteriores, Martin Luther King y Marie Curie, y que tienen que marcar qué textos o frases corresponden a lo que dicen las personas en el diálogo. Pídales que lean las frases antes de poner la audición. Deles tiempo para escuchar y tomar nota, y después resuelva o pida la colaboración de un alumno para resolver.
Solución: *Corresponden a lo que dicen las personas las frases 1, 2 y 4. La frase 3 no se menciona en el audio porque no se habla de "investigar con ella".*

4c. Mediante esta actividad de relectura, sus alumnos aprenderán cómo se expresan deseos sobre acciones pasadas. Para ello pídales que vuelvan a leer los textos de **4b** y que subrayen cómo se expresan los deseos. Cuando hayan terminado, pida a algún alumno que resuelva.
Solución: 1. **A mí me habría gustado mucho** apoyarlo...; 2. ¡**Lo que habría dado yo** por estar presente en aquella manifestación!; 3. **A mí me**

145

habría encantado *investigar con una mujer como ella...; 4.* ***Me habría gustado mucho*** *tenerla de catedrática.*
Sugerencia: Explíqueles cómo se forma el condicional compuesto, remitiéndolos al cuadro del margen *Condicional compuesto*.

4d. Forme grupos. Introduzca la actividad diciendo a sus alumnos que ahora van a poder ser protagonistas de la "máquina del tiempo" y pensar en personajes históricos a los que les habría gustado conocer, con los que habrían cocinado, ido a cenar, hecho un viaje o pasado un fin de semana, tal y como se propone en las cajitas. Anímelos a que dejen volar su imaginación, elijan un personaje para cada actividad, piensen por qué elegirían a esa persona, tomen notas y después hablen con sus compañeros. Sugiérales que lean previamente la muestra de lengua.
Solución: *abierta*
Sugerencia: Antes de empezar con la actividad **4d**, comente con sus alumnos el uso del condicional compuesto para expresar deseos sobre acciones pasadas, remitiéndolos al cuadro del margen *Expresar deseos sobre acciones pasadas*.
Actividad adicional: En el pleno, pida a cada alumno que hable de uno de los personajes elegidos por un compañero del grupo. Escriba una muestra de lengua en la pizarra antes de empezar con el intercambio, por ejemplo: *A Eric le habría encantado hacer un viaje con el escritor Julio Verne porque le encantan sus novelas y cree que el viaje habría sido muy interesante.*

5 Historias alternativas

Objetivos:
hablar de ucronías – expresar condiciones irreales referidas al pasado – presentar y practicar las formas del pretérito pluscuamperfecto de subjuntivo – ejercitar la comprensión oral – ejercitar la comprensión lectora

5a. En esta secuencia sus alumnos entrarán en contacto con un género que quizás sea nuevo para ellos: las ucronías. Explíqueles que van a escuchar una entrevista en formato de pódcast. En este pódcast, un experto cuenta en qué consisten las ucronías. Antes de escuchar, pida a los alumnos que lean las preguntas a las que tendrán que responder. Ponga la audición, déjeles trabajar y después sugiérales que comparen los resultados con un compañero antes de resolver. Ponga la audición dos veces, si es necesario.
Solución: *1. Es un género literario fantástico que narra historias alternativas a los hechos reales o históricos.; 2. En ambos géneros se habla de*

ROMPIENDO ESQUEMAS **10**

personajes históricos reales, las costumbres de la época también son fieles a la realidad, algunos hechos o acontecimientos sucedieron en realidad, pero en la ucronía se altera la historia tal y como ocurrió.; 3. Existen novelas, historietas o cómics, películas y series.; 4. Ambos géneros son muy diferentes porque en la ciencia ficción se crean mundos nuevos, por ejemplo, se crean nuevos planetas y los personajes son inventados. En cambio, en la ucronía se parte de la historia real, con personajes reales.

5b. Ahora sus alumnos podrán leer una reseña sobre una ucronía del autor argentino Edgardo Civallero: *Crónicas de la Serpiente Emplumada*. Pida a sus alumnos que lean la reseña de forma individual y en silencio, y que contesten a las preguntas de la instrucción: *¿Por qué es una ucronía? ¿Qué pasó en realidad en la historia universal?*. Sugiérales que después de leer y responder a las preguntas lo comenten con un compañero. Remítalos a la muestra de lengua antes de empezar la interacción y, al final, haga una puesta en común para aclarar vocabulario o conceptos.

Solución posible: *Es una ucronía porque parte de un acontecimiento histórico real: la vuelta de Cristóbal Colón con sus naves a Europa, pero plantea cómo habría sido la historia si Colón y sus hombres hubieran naufragado en su viaje de vuelta y nunca hubieran vuelto a Europa. En la historia universal Colón volvió de sus viajes y llevó a Europa productos que había encontrado en América.*

Información:
Edgardo Civallero nació en Buenos Aires, Argentina, en 1973. Es licenciado en Bibliotecnología y Documentación, y autor de libros de narrativa histórica y de ucronías como la colección *El libro del mensajero*, cuyo primer tomo es *Crónicas de la Serpiente Emplumada*, publicado en 2009.

Sugerencia: La explotación de textos relativamente largos como el de **5b** en clase puede ser un reto para todos, principalmente en grupos con distintos niveles. Por eso sería conveniente que se planteara alternativas para apoyar a los que tienen menos nivel, sin desmotivar a los que tienen más.

5c. Seguramente sus alumnos se habrán dado cuenta de que en la reseña de **5b** hay algunas frases en cursiva. Pídales que se fijen en ellas y llame su atención sobre la forma verbal nueva utilizada, el pretérito pluscuamperfecto de subjuntivo, y la finalidad que tienen estas frases: hablar de condiciones irreales en el pasado. Indíqueles que lean la explicación en *Mi gramática* y que marquen la opción correcta. Después pida a un voluntario que resuelva. Una vez aclarada la estructura y el significado de este tipo de oraciones, remítalos al cuadro del margen para que observen cómo se forma el pretérito pluscuamperfecto de subjuntivo.

10 ROMPIENDO ESQUEMAS

Solución: *presente (o futuro); pasado*

5d. Forme parejas. Pídales que respondan a las preguntas marcadas en cursiva en la reseña de **5b**. Sugiérales que presten atención al momento de la acción, presente (futuro) o pasado. Recomiéndeles que lean la muestra de lengua antes de empezar. Para terminar, haga una puesta en común.
Solución: *abierta*

6 Nuestras ucronías

Objetivos:
hablar de ucronías – crear una historia alternativa – practicar las oraciones condicionales irreales del pasado aprendidas en la actividad **5**.

6a. Forme grupos. Indíqueles que primero lean las premisas de las fichas que aparecen en la actividad, de forma individual y en silencio. Después pídales que elijan una de ellas y que comenten qué habría pasado a partir de lo que plantean estas premisas. Anímelos, además, a que interactúen hablando sobre el género de la ucronía y que cuenten si conocen libros, cómics, películas o series que cultiven este género. Sugiérales que lean la muestra de lengua antes de empezar. No es necesaria una puesta en común, pero siga de cerca el desarrollo de la actividad por parte de los grupos.
Solución: *abierta*

6b. Mantenga los grupos anteriores si ha observado que la dinámica funcionó bien en la actividad anterior. Si no, forme grupos nuevos. Dirija su atención a los titulares del periódico de la actividad. Pídales que los lean y que escriban una breve historia alternativa. Sugiérales que elijan, para empezar, uno de los titulares y que hablen sobre cómo habría cambiado la historia si el titular "fuera verdad" y cómo serían nuestras vidas hoy. Después, indíqueles que escriban una historia alternativa breve. Si tiene tiempo, y sus alumnos están motivados con el tema, deje que escriban más historias alternativas. Sugiérales que lean la muestra de lengua previamente y deles tiempo para trabajar.
Solución: *abierta*
Sugerencia: Sobre la **producción escrita** consulte la página 15 de esta Guía.
Actividad adicional: Para animar a sus alumnos a que escriban su historia alternativa, planifique y comunique un objetivo y un cierre de la actividad. Por ejemplo, pida a cada grupo que lea su historia en clase y que los demás valoren positivamente el trabajo mediante un breve cuestionario que encontrará en la **ficha fotocopiable 4** de la página 176 de esta Guía.

ROMPIENDO ESQUEMAS **10**

Fotocopie una ficha por alumno y repártalas. Primero, invítelos a que lean el cuestionario para que estén preparados para contestar y tomar notas mientras cada grupo lee su ucronía. Después, en el pleno o bien en grupos, haga una puesta en común a partir de los resultados de los cuestionarios.
Solución: *abierta*

¡Consolidamos! Nuestra biografía alternativa

Objetivos:
repasar los contenidos de la unidad – hablar de la biografía alternativa de cada alumno – elaborar un cartel en grupos – presentarlo a toda la clase

Tarea:
a. Pida a sus alumnos que piensen de forma individual qué querían ser de mayores cuando eran niños y que además se imaginen cómo habría sido su vida si se hubieran cumplido sus sueños de la infancia. Para tomar notas de sus ideas, diríjales al esquema de muestra que aparece en el ejercicio y deles tiempo para que piensen y escriban.
Solución: *abierta*

b. Forme grupos. Ahora comentarán los sueños de su infancia con sus compañeros a partir de los esquemas de la actividad **a**. Pida a un alumno de cada grupo que se encargue de plasmar las ideas de sus compañeros en un cartel o bien en una hoja grande, que previamente habrá repartido en cada grupo. No corrija los carteles en este momento, déjeles que se expresen sin miedo al error, con el único fin de comunicar sus sueños.
Solución: *abierta*

c. Pídales que presenten los carteles al resto de la clase. Anime a los demás a que comenten y añadan más condiciones y consecuencias. Propicie un intercambio activo entre todos. Antes de la presentación de los carteles, recomiéndeles que lean la muestra de lengua. No corrija en esta fase de presentación. Si hay errores recurrentes que puedan ser útiles para todos, anótelos y coméntelos al final de la secuencia.
Solución: *abierta*

10 ROMPIENDO ESQUEMAS

Tendiendo puentes
Palabras con historia

Objetivos:
descubrir el origen de algunas palabras del español relacionadas con hitos históricos – ejercitar la comprensión lectora – ejercitar la interacción oral

a. Forme parejas. Pídales que miren las fotos y que imaginen qué relación pueden tener con la lengua española. Haga una breve puesta en común con lo que aporten las parejas, pero no lo descubra "todo", ya que ellos mismos podrán comprobar sus creencias o hipótesis después de leer el texto. Déjeles leerlo en silencio y de forma individual, y anímelos a que dialoguen sobre sus hipótesis iniciales.
Solución: Foto 1: *Se trata de la mezquita de Córdoba. Los musulmanes estuvieron en la Península Ibérica del 711 al 1492, y muchas palabras árabes permanecieron después en el español.*; Foto 2: *El acueducto de Segovia es una muestra del dominio romano. Los romanos llevaron su lengua a la península. El español es una lengua derivada del latín.*; Foto 3: *La palabra "canoa" proviene del taíno.*

b. En esta actividad se avanza un paso más en la comprensión del texto en colaboración con el compañero. Pídales que vuelvan a leerlo, y que busquen y subrayen en él los acontecimientos históricos que influyeron en la lengua española y en su evolución. Invítelos a que encuentren el origen de las palabras *perro, izquierda, azúcar, reloj* y *canoa*. Resuelva con la participación de algunos voluntarios.
Solución: *La latinización de la península por los romanos, la conquista por los musulmanes, el descubrimiento de América.*; *El origen de* **perro** *es incierto, pero se cree que ya estaba en la península antes de la llegada del latín.*; *La palabra* **izquierda** *viene del euskera.*; **Azúcar** *es una palabra de origen árabe.*; **Reloj** *viene del catalán antiguo.*; **Canoa** *es una palabra americana, viene del taíno.*

c. Forme grupos. Pídales que piensen en palabras que existen en su lengua, o en la lengua "común" de la clase, y que proceden de otros idiomas. Pregúnteles si saben su origen y anímelos a que hablen de las situaciones, registros o regiones en las que se utilizan. Antes de empezar, lean juntos el modelo de lengua. Durante el intercambio de opiniones, pase por las mesas y demuestre interés.
Solución: *abierta*

¡No te quejes tanto! 11

> **Comunicación:** quejarse y hacer una advertencia, disculparse y responder a una disculpa, transmitir mensajes
> **Gramática y léxico:** el estilo indirecto, léxico relacionado con las quejas y las reclamaciones, expresiones idiomáticas coloquiales relacionadas con las quejas

1 ¿De qué nos quejamos?

Objetivos:
hablar de cómo reaccionamos en distintas situaciones inesperadas de la vida cotidiana – ejercitar la interacción oral

1a. Forme grupos. Dirija su atención a las fotos de la página y a las cajas de la actividad en la que aparecen formuladas posibles reacciones. Pídales que expliquen qué creen que ha pasado en las situaciones de las fotos y cómo creen que reaccionan las personas. Sugiérales que lean primero la muestra de lengua. Después, deles tiempo para trabajar con los compañeros y haga una breve puesta en común en la que algunos voluntarios comenten las fotos y las reacciones posibles.
Solución posible: *1. Yo creo que la persona de la foto 1 ha aparcado mal y se queja en voz alta de que le hayan puesto una multa.; 2. El chico se queja al camarero y hace una reclamación por algo que no ha estado bien en el servicio.; 3. La chica ha recibido un paquete, pero no era lo que esperaba y se pone histérica.; 4. El chico quizás ha tenido problemas con una reserva y está haciendo una reclamación.; 5. El chico está esperando para entrar en el despacho de su jefe o quizás está en la sala de espera de un médico. No se inmuta, mantiene la calma.*

1b. Explique a sus alumnos que ahora tendrán que hablar desde su experiencia. Pídales que lean las situaciones de la vida cotidiana de las cajitas y que piensen cómo reaccionarían ellos, si se quejarían o no y en qué situaciones. Sugiérales que lean la muestra de lengua antes de empezar. Recuérdeles asimismo que en la interacción estarán evocando situaciones imaginarias presentes o futuras, algo que ya hicieron en la Unidad 9. Si lo considera necesario, repase con ellos brevemente este tipo de oraciones condicionales. Para terminar, haga una puesta en común en el pleno, preguntando a cada grupo quién es el que más se queja.
Solución: *abierta*

2   Las benditas quejas

Objetivos:
hablar sobre personas que se quejan mucho y de posibles soluciones – aprender y practicar vocabulario relacionado con las quejas y algunas expresiones idiomáticas – ejercitar la comprensión lectora – ejercitar la interacción oral

2a. Pida a sus alumnos que lean el artículo de forma individual y en silencio, y que digan después de qué trata, resumiendo su contenido en dos o tres frases. En esta fase de resumen del contenido, en el que realizan un tipo de comprensión global, sugiérales que trabajen en parejas. Al final, haga una puesta en común con las contribuciones de algunos voluntarios.
Solución: *Trata de una persona que siempre se queja de todo y solo ve el lado negativo de las cosas, pero que intenta cambiar su actitud para poder ser más feliz.*

2b. Forme parejas. Indíqueles que lean las frases del ejercicio y pídales que busquen en el texto de **2a** en qué parrafos aparece la información de esas frases, a modo de comprensión selectiva. Deles tiempo para trabajar y después pida a algún voluntario que resuelva.
Solución: *a. – párrafo 3; b. – párrafo 2; c. – párrafo 1; d. – párrafo 4*

2c. Siguiendo con el trabajo en parejas, pídales que lean las expresiones o frases 1–6 del ejercicio, y que busquen palabras o expresiones equivalentes en el texto. Indíqueles que tienen que decidir solamente entre las que están ya marcadas en cursiva en el texto. Resuelva la actividad con la participación de algunos alumnos.
Solución: *1. sin rechistar; 2. gruñón; 3. percatarse (se percató); 4. refunfuñar; 5. quejica; 6. rabieta*

Sugerencia: Después de este último paso de la explotación del artículo, tematice el uso en él del lenguaje coloquial y de algunas expresiones idiomáticas. Remítalos al cuadro del margen *Expresiones idiomáticas* y aclare las dudas que tengan todavía. Pregúnteles si existen expresiones idiomáticas parecidas en su idioma para el tema de las quejas y compárelas con las que han conocido ahora en español.

2d. Forme grupos. Pídales que hablen sobre el protagonista del artículo, Alirio Medina, y que digan su opinión acerca de la actitud de Alirio en situaciones críticas y cómo intenta superarlas. Pídales que justiquen su respuesta. Mientras hablan con sus compañeros, pase por las mesas y demuestre interés. Si cree que la actividad puede ser interesante en el pleno, haga una puesta en común después del trabajo grupal.
Solución: *abierta*

¡NO TE QUEJES TANTO! **11**

3 Me quejo, luego existo

Objetivos:
hablar de reclamaciones – presentar y practicar los recursos para quejarse y hacer una advertencia, disculparse y responder a una disculpa – ejercitar la comprensión oral – ejercitar la interacción oral – reflexionar sobre el ritual de la queja y la disculpa según el contexto cultural

Actividad previa: Lea en voz alta el título de esta actividad *Me quejo, luego existo*, y pregunte a sus alumnos si lo entienden. Escriba en la pizarra la frase originaria del filósofo Descartes (1596–1650) *cogito ergo sum = pienso, luego existo*. En español es posible retomar esta frase y adaptarla para indicar que una acción es fundamental para la existencia, por ejemplo: "Leo, luego existo", "Como, luego existo", etc.. Pregúnteles si en su lengua también es así.

3a. Primero, prepare a sus alumnos para la audición, pidiéndoles que lean los ámbitos que aparecen en las cajitas y preguntándoles si han tenido que reclamar alguna vez algún servicio relacionado con esos temas. Sugiérales que lean la muestra de lengua y que trabajen en grupos o en parejas. Si quiere, deje que algún alumno cuente después su experiencia en el pleno. A continuación, indíqueles que van a escuchar un diálogo y que tienen que entenderlo de forma global y marcar en las cajitas qué servicio se reclama. Después de la audición, pida a un alumno que resuelva.
Solución: *Se reclama un alojamiento en las vacaciones.*

3b. Ahora realizarán una segunda escucha del diálogo y tendrán que entender los detalles. Pídales que lean las preguntas, después ponga la audición, deles tiempo para que tomen notas y comparen con un compañero y, por último, resuelva con la participación de algún voluntario.
Solución: *1. el aire acondicionado no funciona, la conexión de Internet es muy inestable, solo hay tres dormitorios en lugar de cuatro; 2. Sobre el problema del aire acondicionado, le dice que sí funciona, que mire las instrucciones que están en un cajón.; Sobre el problema de la conexión de Internet, le recomienda que se conecten en la planta baja.; Sobre el problema de las habitaciones, le propone que alguien duerma en el sofá-cama del salón.; 3. Al principio, Fernando está tranquilo e intenta entender al dueño, pero al final deja de estar tan tranquilo y se pone serio. Pide una compensación.*

3c. En el diálogo anterior han aparecido algunas frases útiles para quejarse, hacer una advertencia, disculparse y responder a una disculpa. En esta actividad se retoman estas frases y se tematiza su función. Pida a sus alumnos que las lean de forma individual y en silencio, y que las relacionen con la función comunicativa correspondiente A, B, C, D de las

153

cajas. Pueden comparar con un compañero antes de resolver la actividad en el pleno.
Solución: 1. – B; 2. – C; 3. – B; 4. – C; 5. – B; 6. – A; 7. – A; 8. – D
Actividad adicional: Las acciones de quejarse, disculparse y advertir están bastante ritualizadas y dependen mucho del contexto cultural del hablante. En el cuadro *Estrategia* se explican los rituales de la queja en el mundo hispano. Pida a sus alumnos que lo lean en parejas, que digan si lo han entendido y si es también así en su contexto cultural. Si tiene tiempo, ponga la audición otra vez y pídales que se fijen en la forma de presentar la queja y en los recursos lingüísticos utilizados en el diálogo para suavizarla, sobre todo en un primer momento.
Solución posible: *Al principio, el cliente responde a las preguntas del dueño de forma positiva: "*... **bien, la casa nos gusta mucho, es muy bonita...**"; *El cliente no dice al principio: "quiero quejarme", sino* "**hay un par de cosas que quiero comentarle**".; *En la mitad del diálogo, acepta las disculpas y sigue manteniendo la calma: "***Bueno, de acuerdo, no pasa nada... (...) ¡Qué se le va a hacer!***". Hasta el final, el cliente no advierte al dueño de las consecuencias : "*... **le advierto que nuestra valoración será bastante negativa**".

3d. Forme parejas y explíqueles que van a hacer un juego roles en el que practicarán las funciones vistas en las actividades anteriores. Pídales que lean las fichas y que elijan una de las situaciones. Sugiérales que lean la muestra de lengua para inspirarse. Después, indíqueles que tienen que imaginarse esa situación y representar la escena. Valore si es necesario darles tiempo para que tomen notas o si pueden actuar de forma espontánea, ya que están al final del nivel B2. Mientras las parejas interactúan, pase por las mesas y escuche cómo se desarrolla la actividad. Si tiene que comentar algo, anótelo y hágalo después, a modo de cierre de esta secuencia.
Solución: *abierta*
Sugerencia: Si hay sitio suficiente en el aula, indique a las parejas que se coloquen unas separadas de las otras para que no haya interferencias. En el caso de que no haya muchas parejas, por ser un grupo poco numeroso, invítelas a que representen la escena, una pareja después de otra, para toda la clase.

4 Contando experiencias

Objetivos:
contar experiencias negativas con un servicio – repasar cómo se transmiten mensajes por medio del estilo indirecto, cuando lo dicho se presenta como válido o actual

¡NO TE QUEJES TANTO!

11

4a. Forme parejas. Pídales que lean las expresiones de las cajas y que a partir de ellas hagan hipótesis sobre el tema del diálogo que escucharán después. Haga una pequeña puesta en común y anote en la pizarra los temas que propongan sus alumnos. Después, ponga la audición y pida a un voluntario que diga de qué trata.
Solución: *El diálogo trata de un pedido en una tienda en línea que no ha llegado a su destino. Alicia lo reclama, sin éxito.*

4b. Ahora escucharán el diálogo otra vez y marcarán si las frases 1–4 son verdaderas o falsas. Pídales que lean las frases antes de poner la audición. Ponga la audición dos veces si cree que es necesario, y deles tiempo para que marquen. Al final, resuelva la actividad o pida a algún voluntario que lo haga.
Solución: *1. – f; 2. – v; 3. – f; 4. – f*

4c. El objetivo de esta actividad es analizar los cambios que se producen en un mensaje cuando se lo transmitimos a otra persona. Deje que sus alumnos miren las ilustraciones y se orienten primero. Después explíqueles que en la parte de la izquierda tienen las frases "originales" de la conversación entre Alicia y el empleado de la tienda en línea, mientras que en la derecha están algunas frases de lo que ella le contó a su pareja y que acaban de escuchar en la actividad **4a**. Indíqueles que hay que leer las frases de arriba abajo: primero el diálogo de la izquierda, y luego las frases de Alicia de la derecha. Además, el diálogo de la izquierda tiene dos fondos distintos: azul para el empleado y gris para Alicia. Las frases de la derecha solo tienen un fondo verde, porque solamente se transcriben las palabras de Alicia. Pídales que se fijen en los cambios de tiempos y pronombres entre la "versión original" y la "transmitida o contada" por Alicia, y que los marquen. Para ello tienen que comparar las frases de la izquierda con sus correspondientes a la derecha. Sugiérales que revisen después con un compañero los cambios marcados y, a continuación, resuelva con la contribución de algún voluntario.
Solución: *No* **hemos recibido** *ningún pedido a* **su** *nombre.* → ... *no* **han recibido** *ningún pedido a* **mi** *nombre.;* **Haga (usted)** *lo que considere oportuno.* → ... *que* **(yo) haga** *lo que considere oportuno.*
Actividad adicional: Recuerde a sus alumnos que ya conocen de *Impresiones B1* los cambios de una "versión original" (o estilo directo) a una "versión contada" (o estilo indirecto). Pídale a un voluntario que lea el cuadro del margen *¿Se acuerda?*, e invite a todos sus alumnos a que subrayen en los ejemplos del cuadro otros cambios que se producen. Resuelva al final o deje que resuelva un voluntario anotando los cambios en la pizarra de forma esquemática.

Solución:

"estoy"	→	dice que **está**
"¡llama!"	→	ha pedido que **llame**
"¿vienes?"	→	ha preguntado **si voy**

5 En un foro de consumidores

Objetivos:
transmitir un mensaje distanciándose de él o presentándolo como no actual – analizar los cambios que se producen del estilo directo al indirecto cuando el mensaje transmitido no es actual o nos distanciamos de él – ejercitar la comprensión lectora – ejercitar la interacción oral

5a. Contextualice la actividad contando a sus alumnos que unas semanas más tarde Alicia, la chica de la actividad **4**, cuenta su experiencia en un foro de consumidores. Pídales que lean los temas o detalles de la historia (1–6) y que después lean el texto, que está en la página siguiente, página 101. Algunos detalles del texto del foro no coinciden con la historia original que sus alumnos conocen de la actividad **4**. Sus alumnos tienen que marcar qué detalles NO coinciden. Deles tiempo para leer el texto y para marcar los detalles. Sugiérales que comparen con un compañero antes de resolver usted o un voluntario.
Solución: *No coinciden con la historia original: 2, 3, 4*
2. En la versión original la atendió un empleado y no el dueño.; 3. En la versión original el empleado no le hizo reproches.; 4. El final es distinto. En la versión original Alicia no contó que le había llegado un paquete con productos que no había pedido y una factura errónea.

5b. En esta actividad sus alumnos analizarán los cambios que se producen del estilo directo al estilo indirecto cuando el hablante se distancia del mensaje original o este ya no es actual para él. Aunque se trata de una tabla bastante completa y extensa, sus alumnos ya conocen casi todo lo que aparece en ella. De todas formas, guíelos en su lectura, explicándoles que en la columna de la izquierda aparece el estilo directo, o "versión original" en distintos tiempos verbales. En la columna del medio, aparece la "versión contada" cuando lo dicho se presenta como válido o actual, es decir, lo que han trabajado ya en la actividad **4** y que conocen del nivel B1. La columna de la derecha, sin embargo, sí será nueva para ellos. Explíqueles que en español son necesarios algunos cambios en los tiempos verbales en la transmisión de un mensaje a otra persona, cuando queremos distanciarnos de lo dicho o presentarlo como algo no actual. Mediante el cambio de la forma verbal señalamos

¡NO TE QUEJES TANTO!

ese "distanciamiento". Una vez introducido el tema, deje que trabajen solos, buscando en el texto las formas verbales que faltan en la tabla. Indíqueles que para facilitar la búsqueda, las formas verbales están en negrita. Después del trabajo individual, propóngales que comparen con un compañero. Al final, pida a algunos voluntarios que resuelvan para todos.
Solución: <u>Imperfecto de indicativo:</u> Le comenté que me **parecía** muy raro.; <u>Pretérito pluscuamperfecto:</u> Me dijo que no **habían recibido** ningún pedido.; <u>Pretérito indefinido/pluscuamperfecto:</u> Me aseguró que no **había cometido** ningún error.; <u>Condicional simple:</u> Le contesté que **tomaría** medidas.; <u>Imperfecto de subjuntivo:</u> Me pidió que **consultara** mi cuenta.; <u>Imperfecto de subjuntivo:</u> Me respondió que **hiciera lo que considerara** oportuno.
Sugerencia: Visualice en la pizarra los cambios de los tiempos verbales: presente - imperfecto; perfecto - pluscuamperfecto, etc. "

5c. Para practicar el estilo indirecto, sus alumnos trabajarán en parejas a partir de los comentarios sobre lo ocurrido con el pedido de Alicia. Pídales que lean los comentarios y que cuenten lo que escribieron las personas. Indíqueles, además, que para introducir los mensajes tienen que utilizar los verbos de las cajitas. Sugiérales que trabajen alternando sus intervenciones. Mientras realizan la actividad, pase por las mesas y resuelva posibles dificultades o dudas. Es la primera vez que van a aplicar de forma muy guiada lo aprendido, por eso, es lógico que vayan despacio, pensándose bien la nueva perspectiva y los cambios que se producen. Comuníqueles que lo que se espera de ellos no es un diálogo espontáneo o una interacción libre, sino más bien una "reflexión en voz alta". Planifique una fase de comprobación final de resultados de forma que cada pareja transmita alguno de los comentarios.
Solución posible: <u>Viviane</u> escribió que Alicia tenía toda la razón y que lo hizo / había hecho muy bien. Añadió que ella en su lugar incluso les habría denunciado.; <u>Max10</u> escribió que a él también le había ocurrido algo parecido con un envío. Comentó que al final tuvo / había tenido que recurrir a una asociación de consumidores. Añadió que Alicia tendría que escribirles si quería reclamar.; <u>AúpaAM</u> escribió que apoyaba a Alicia y que, según él, hizo / había hecho lo correcto. Escribió que estaba seguro de que le escribirían disculpándose y de que le devolverían el dinero.; <u>Vincentvan</u> escribió que le recomendaba que insistiera y que no cediera.

5d. Esta actividad supone un paso más – menos guiado que en la actividad **5c** – en el dominio del estilo indirecto. Sus alumnos trabajarán en parejas. Primero, cada alumno decidirá si quiere representar el papel A o el B. El alumno A trabajará al principio en la página 102 y B, en la 178. Cada uno por separado lee la situación que aparece en su página y escribe un diálogo a partir de ella. Después, el alumno A transmitirá al

alumno B en estilo indirecto lo que dijeron las personas del diálogo que acaba de escribir. El alumno B escribe el diálogo en la ilustración que tiene en su página 178. Lo mismo, al revés. El alumno B cuenta en estilo indirecto lo que dijeron las personas y el alumno A tomará nota en la ilustración que tiene en su página 102. Deles tiempo para que escriban los diálogos, y después pase por las mesas y compruebe que han entendido bien la actividad y que están empleando correctamente el estilo indirecto.
Solución: *abierta*

Actividad alternativa: Forme parejas. Unas parejas escribirán el diálogo de la situación A (pág. 102), mientras que otras parejas escribirán el de la situación B (pág. 178). Intente que haya el mismo número de parejas de A que de B. Si no es posible, forme tríos. Después, mezcle las parejas de modo que un alumno de A trabaje con un alumno de B. El alumno A cuenta al alumno B lo que ha pasado en la escena de la página 102 a partir del diálogo que acaba de escribir con sus compañeros del grupo A. El alumno B hace lo mismo con el otro diálogo.
Solución: *abierta*

¡Consolidamos! Guion para una escena de reclamación

Objetivos:
repasar los contenidos de la unidad – escribir un guion y representar la escena – contar la escena

Tarea:
a. Explique el objetivo y el producto final de la actividad: hacer un guion para una escena en la que se refleje una reclamación, representarla y contar la escena a otro grupo. Forme grupos y pídales que elijan uno de los temas para la reclamación que aparecen en las cajas. Asimismo tienen que decidir si la reclamación será por teléfono o en persona, y qué papel va a tener cada alumno (cliente/s, empleado/s). Después deles tiempo para que escriban el guion de la secuencia. Antes de empezar, dirija su atención al ejemplo del margen para que entiendan mejor en qué consiste un guion de este tipo.
Solución: *abierta*
b. Ahora cada grupo representará su escena. Pero antes de que empiecen, uno de los otros grupos tendrá que salir del aula. Mientras el primer

¡NO TE QUEJES TANTO!

grupo representa su escena, los alumnos que se han quedado en el aula toman notas de lo que dicen.

c. Cuando el primer grupo ha finalizado de representar su diálogo, el grupo que estaba fuera vuelve a entrar y los grupos que han tomado notas cuentan a ese grupo la escena del primero con todo detalle, tal y como aparece en la muestra de lengua. Pida a unos voluntarios que la lean en voz alta para todos y aclare posibles dudas. El punto **b** y **c** de esta actividad se repetirá con cada grupo.
Solución: *abierta*

Tendiendo puentes
¿Somos malhablados?

Objetivos:
conocer aspectos socioculturales del uso del lenguaje soez y de los improperios en España y en Latinoamérica – ejercitar la comprensión lectora – ejercitar la interacción oral

Actividad previa: Contextualice el tema de este *Tendiendo puentes* preguntándoles si conocen "palabrotas" o palabras malsonantes en español. Si sus alumnos han estado ya en España o en algún país de Latinoamérica, o si tienen conocidos con un bagaje cultural "hispano", seguramente habrán escuchado ya palabras de este tipo. De hecho, a menudo es lo primero que se aprende en un idioma extranjero. Además, las "palabrotas" son expresivas y auténticas, algo que enseguida dispara la curiosidad y la atención del oyente, haciendo que no se olviden fácilmente.

a. Forme parejas. Pídales que lean el texto individualmente y en silencio, y después dirija su atención a las fotos. Invítelos a que las relacionen con el texto, explicando a qué información hacen referencia. Cuando hayan terminado de leer y comentar, haga una puesta en común con las opiniones de algunos voluntarios.
Solución posible: *La foto 1 hace referencia al doblaje de las películas. Normalmente hay dos versiones, una para el mercado español y otra para el mercado de América Latina.; La foto 2 refleja la situación del doblaje de una película o de una serie.; En la foto 3 se ve a una mujer utilizando palabras soeces o palabrotas.*

b. Pida a sus alumnos que vuelvan a leer el texto y que escriban tres preguntas sobre él para su compañero. Deles tiempo para que lean, piensen las preguntas y las escriban, y después invítelos a que les hagan las

preguntas al compañero. No es necesaria una puesta en común, pero pase por las mesas y observe cómo se desarrolla la actividad.
Solución: *abierta*
Actividad adicional: Cadena de preguntas y respuestas. Pida que un alumno voluntario haga en el pleno una de las preguntas que había escrito. El que conteste a la pregunta, formulará a su vez una de las preguntas que había escrito antes. Y así sucesivamente.
Solución: *abierta*

c. Forme grupos. Anímelos a que hablen sobre su realidad en relación con el tema del artículo. Sugiérales que en sus intervenciones den respuesta a las preguntas de la instrucción: *¿En su lengua es también así? ¿En qué contextos se dicen palabrotas? ¿Qué grupos de edad las utilizan? ¿Ha habido una evolución como en España?*. Si le parece que la actividad puede dar juego en el pleno, haga una puesta en común final con las opiniones de todos.
Solución: *abierta*
Sugerencia: Para que sus alumnos estén bien preparados antes de empezar con la interacción oral en grupos, deles unos minutos para que contesten a las preguntas de la instrucción de **c** y tomen notas.

Mirando hacia adelante 12

> **Comunicación:** expresar impersonalidad, expresar habilidad o falta de ella, hacer comparaciones hipotéticas
> **Gramática y léxico:** formas impersonales, el conector *como si*, distintas actitudes ante el consumo, léxico relacionado con el anticonsumismo, vocabulario relacionado con las habilidades y la creatividad

1 Menos es más

Objetivos:
hablar sobre formas de vida de bajo consumo – ejercitar la interacción oral

Actividad previa: Lea el título de esta Unidad 12 y los objetivos, haciendo hincapié en lo que los alumnos serán capaces de hacer en español al final de esta lección. Además, cuando sus alumnos terminen esta unidad, prácticamente habrán finalizado también el nivel B2. Elógielos por los logros conseguidos y por haber llegado casi al final de este nivel. ¡Enhorabuena!

1a. Forme grupos. Lea el título de la secuencia "Menos es más" y pregúnteles qué creen que significa esta máxima y a qué aspectos de la vida puede referirse. Después del intercambio de opiniones en grupos, invite a algún voluntario a que exprese su opinión.
Solución: *abierta*

1b. Ahora dirija la atención de sus alumnos a las fotos y pídales que lean los pies de foto. Explíqueles que estas personas aplican la máxima "Menos es más" en sus vidas. Pídales que describan cómo creen que lo hacen. Deje que trabajen en los mismos grupos de **1a** y luego haga una puesta en común con las intervenciones de algunos voluntarios.
Solución posible: *Foto 1: Para Sofía, "menos es más" porque vive solamente con una maleta. Yo creo que no tiene una vivienda fija y que no tiene muchas pertenencias.; Foto 2: Para Yolanda, cultivar y consumir su propia verdura es una forma de vivir con menos pero mejor. Es una actitud poco consumista.; Foto 3: Sergio vive en una minicasa de 20 metros cuadrados. Pero parece que lo ha elegido así para poder emanciparse.*

1c. Mantenga los grupos de antes. Pídales que se identifiquen con las personas de las fotos y que digan de qué podrían prescindir ellos mismos y de qué no. Anímelos a que justifiquen su respuesta y pongan ejemplos. Antes de empezar, sugiérales que lean la muestra de lengua.
Solución: *abierta*

12 MIRANDO HACIA ADELANTE

2 Vivir con menos

Objetivos:
hablar sobre estilos de vida distintos con respecto al consumo – ejercitar la comprensión lectora – ejercitar la interacción oral

2a. Contextualice la secuencia diciendo a sus alumnos que en este reportaje podrán saber algo más sobre dos de las personas de la actividad **1**: Sofía Goyeneche y Sergio Gómez. En primer lugar, leerán una introducción al tema. Pídales que la lean y que descubran qué modelos de vida se mencionan. Después de la lectura y de la comprobación con el compañero, invítelos a comentar si conocen ejemplos concretos de personas que siguen un modelo u otro de vida.
Solución posible: *En la introducción se mencionan dos modelos de vida contrapuestos. Hay personas que prefieren tener muchas cosas. Pero desde hace unos años también se observa una tendencia distinta: vivir con menos y poseer menos cosas es mejor porque nos sentimos más libres. Por ejemplo, yo tengo una amiga que ha vendido su chalé y se ha ido a un piso de alquiler de 40 metros cuadrados. El dinero obtenido con la venta del chalé lo está aprovechando para viajar.*

2b. Forme parejas. Indíqueles que ahora sabrán más sobre Sofía y Sergio colaborando en la comprensión de un texto. Siga las indicaciones de la actividad en el libro. En este tipo de tarea de carácter colaborativo y de mediación se integran distintas actividades de lengua: lectura en voz alta para transmitir información, escucha y comprensión oral, comprensión lectora y producción escrita. Además, se produce un intercambio oral natural entre dos aprendientes con el fin de aprender más y mejor. Sobre la **mediación** consulte la página 11 de esta Guía.
Solución: *abierta*
Actividad alternativa: Si tiene poco tiempo, o bien si las condiciones del aula no favorecen la lectura en voz alta de varias personas a la vez, pida a sus alumnos que cada uno lea uno de los textos y se lo resuma al compañero.

2c. Forme grupos. Invítelos a que den su opinión sobre los modelos de vida de Sofía y de Sergio de **2b**. Anímelos a que sean críticos con la información de los textos y a que se planteen los pros y los contras que tienen los modelos de vida anteriores, por ejemplo, si hay limitaciones de edad. Recomiéndeles que lean la muestra de lengua antes de empezar. Durante el debate en los grupos, pase por las mesas y escuche.
Solución: *abierta*
Sugerencia: Sobre la **competencia crítica** consulte la página 12 de esta Guía.

MIRANDO HACIA ADELANTE **12**

3 Reducir el consumo

Objetivos:
hablar sobre distintas formas de vivir con menos cosas – reflexionar sobre la expresión de la impersonalidad en español – ejercitar la interacción oral

3a. El reportaje de **2b** se retoma en esta actividad para repasar y ampliar las estructuras que expresan impersonalidad. Pida a sus alumnos que lean las frases del ejercicio, basadas en el contenido que ya conocen de **2b**, y que se fijen en los verbos y en las palabras que aparecen en cursiva. Invítelos asimismo a que reflexionen sobre quién realiza la acción en cada frase. Sugiérales que comparen y discutan con un compañero antes de resolver con la contribución de algún voluntario.
Solución: *1. No se menciona exactamente quién realiza la acción porque el sujeto no es relevante. Nos referimos a los responsables de la programacion, a "los de la televisión".; 2. La acción no la realiza ninguna persona concreta, el sujeto es general.; 3. La acción la realiza alguien que aquí no interesa. Interesa más "su vivienda", es decir, el objeto que recibe la acción.; 4. Tampoco interesa quién realiza la acción, sino cuál es el objeto de la oración: los gastos de mantenimiento.; 5. La acción la realiza una persona cualquiera, "uno". El hablante se identifica e implica como parte de ese "uno".; 6. El sujeto es general, pero incluimos al interlocutor.*

3b. Siguiendo con la tarea de observación y reflexión, pida a sus alumnos que lean las frases otra vez y que marquen la opción correcta en *Mi gramática*. Sugiérales que comparen con un compañero antes de que usted o un alumno voluntario resuelva el ejercicio.
Solución: Frase 1: *relevante*; Frase 2: *general*; Frase 3 y 4: *el objeto*; Frase 5: *se implica*; Frase 6: *incluye*

Actividad adicional: Remítalos al cuadro del margen *Expresar impersonalidad* y pídales que lo lean y comenten en parejas. Aclare posibles dudas.
Solución: *abierta*

3c. Para practicar cómo se expresa la impersonalidad en español, pida a sus alumnos que trabajen en parejas y que hablen sobre otras formas de vivir con menos, así como sus ventajas y dificultades. Dirija su atención a las fotos y a las cajitas. A partir de ellas y las estructuras impersonales de **3a** y **3b** tendrán que formular al menos seis frases. Sugiérales que lean primero la muestra de lengua. Mientras interactúan, pase por las mesas y escuche cómo se desarrolla la actividad. Si lo cree útil para todos, haga al final una puesta en común para que algunos alumnos digan sus frases.
Solución: *abierta*

12 MIRANDO HACIA ADELANTE

4 Cuestión de creatividad

Objetivos:
hablar sobre la creatividad – entender y comentar el sentido de distintas citas sobre la creatividad – ejercitar la interacción oral

4a. Mediante esta actividad se introduce la segunda parte de la Unidad 12, dedicada a personas que han conseguido vivir mejor con soluciones creativas.
Contextualice la actividad diciendo que hay muchas definiciones de lo que puede ser "la creatividad". Pídales que lean las citas y que expliquen qué pueden expresar, relacionándolas con las definiciones 1–4, que también aparecen en el ejercicio. Cuando hayan terminado, pida a un alumno voluntario que resuelva.
Solución: *A – 3; B – 1; C – 4; D – 2*

4b. Forme parejas. Establezca un vínculo entre esta actividad y las personas de la actividad **1** de esta unidad, pidiendo a sus alumnos que comenten con qué personas relacionarían las citas de **4a** y que justifiquen su respuesta. Anímelos a que lean antes la muestra de lengua. Cuando hayan terminado, haga una puesta en común para que algunos alumnos den su opinión.
Solución: *abierta*

4c. Forme grupos o bien junte a dos parejas. Invítelos a que discutan sobre las citas anteriores y a que digan con cuál/es están más de acuerdo y por qué. Sugiérales que pongan ejemplos concretos de personas que conocen. No es necesaria una puesta en común, simplemente pase por las mesas, escuche sin intervenir y tome notas si observa errores recurrentes.
Solución: *abierta*
Información:
Albert Einstein nació en Ulm, Alemania, en 1879, y murió en 1955 en los Estados Unidos. Se le considera uno de los científicos más influyentes del siglo XX.
Maya Angelou nació en 1928 en San Luis, Misuri, Estados Unidos, y murió en 2014. Fue una escritora, política y defensora de los derechos civiles de los afroamericanos.
Steve Jobs nació en 1955 en San Francisco y murió en 2011. Fue un informático y empresario, cofundador de *Apple*.
Roger Von Oech nació en Ohio, Estados Unidos, en 1948. Es escritor, inventor y asesor, destacando principalmente en el campo del "pensamiento creativo".

MIRANDO HACIA ADELANTE

12

5 Dos personas creativas

Objetivos:
comprender una entrevista radiofónica a dos emprendedores en Internet – reactivar y ampliar los recursos para expresar habilidad y falta de ella – ejercitar la comprensión oral – ejercitar la interacción oral

5a. Introduzca la actividad contándoles a sus alumnos que tendrán ocasión de conocer a dos emprendedores en Internet, Juliana Sanjuán y Fabián Salvador, las personas de las fotos. Ambos han sido entrevistados para un programa de radio. En esta actividad escucharán la primera parte de la entrevista. Dirija su atención a las preguntas 1 – 4 y pídales que las lean. Después ponga la audición y deles tiempo para que contesten. Déjeles que comparen los resultados primero con un compañero y luego pida a algún voluntario que resuelva.
Solución: *1. Juliana enseña en los vídeos que produce con sus hijos cómo es la vida en el campo, cómo cultivar diferentes hortalizas y otras plantas, y cómo hacer un huerto propio en casa.; Fabián tiene un blog en el que enseña a hacer manualidades: joyas, regalos, artículos de decoración. También enseña a hacer muebles o reutilizar la ropa usada.; 2. Juliana es campesina y vive con sus hijos. Lleva una vida sencilla en familia.; Fabián lleva una vida bastante activa desde que se dedica a dar talleres sobre los temas de los que trataba en su blog.; 2. A través de su canal de vídeo, Juliana y sus hijos se han dado a conocer y ahora sus seguidores les compran paquetes de siembra.; Gracias a su blog y a sus ideas sobre manualidades, Fabián empezó a darse a conocer y a hacer talleres presenciales y en línea. Con estos talleres se gana la vida en la actualidad.; 4. Juliana es creativa porque supo montar un negocio de la nada, arriesgándose y utilizando su espontaneidad y la de sus hijos.; Fabián es una persona creativa porque hace manualidades, sabe hacer joyas, regalos, artículos de decoración, y también muebles y ropa reciclada.*

5b. Ahora sus alumnos escucharán la segunda parte de la entrevista. Pero antes, remítalos a las frases del ejercicio y pídales que las lean y que marquen, mientras escuchan, si se refieren a Juliana, a su hijo o a Fabián. Ponga la audición dos veces si lo cree conveniente. Después pida la colaboración de algún voluntario para resolver. Avíselos de que puede haber varias opciones posibles. Después, dirija su atención al cuadro del margen y sugiérales que lo lean y comenten en parejas.
Solución: *1. su hijo; 2. su hijo / Fabián; 3. Fabián; 4. su hijo; 5. Fabián; 6. Fabián*

5c. Forme parejas. Ahora hablarán de las habilidades que tienen, de lo que se les da bien y de lo que no se les da tan bien. Indíqueles que pueden

hablar de los aspectos que aparecen en las cajas o de otros. Pídales que los lean, antes de empezar la interacción con el compañero. Mientras realizan la tarea, pase por las mesas y escuche con interés.
Actividad adicional: Una vez finalizada la actividad **5c**, pida a sus alumnos que cuenten en el pleno qué habilidades tiene su compañero. ¿Hay alguien en la clase que tenga muchas más habilidades que el resto? Coméntelo con sus alumnos.
Solución: *abierta*

6 ¡Lo hicieron como si fueran unos expertos!

Objetivos:
hablar de aspectos importantes que influyen en la vida de una persona – hacer comparaciones hipotéticas – presentar y practicar el uso del conector *como si* con pretérito imperfecto o pluscuamperfecto de subjuntivo – ejercitar la interacción oral

6a. Forme parejas. Invítelos a que hablen sobre los aspectos que contribuyeron a cambiar la vida de Juliana y Fabián, los protagonistas de la actividad **5**. Para ello, pídales que se apoyen en los temas de las cajitas y en las afirmaciones sobre estas dos personas que también aparecen en el ejercicio. Sugiérales que lean la muestra de lengua y que después inicien la interacción. Durante la tarea, pase por las mesas y escuche con interés. Haga una puesta en común al final con las opiniones de algunos voluntarios.
Solución posible: *1. Ahora escribe en el blog como si hubiera hecho miles de cursos de escritura digital. – la intuición, el aprendizaje, la constancia; 2. Fue como si empezara de cero, pero se arriesgó. – el valor, la necesidad, la suerte; 3. Cuando se quedó viuda se sintió como si el mundo se le viniera encima. – el destino, la necesidad; 4. Su hijo grabó los videos como si no hubiera hecho nada más en su vida. – la intuición, el talento, la creatividad; 5. Algunos les envían mensajes como si fueran amigos de siempre. – la simpatía; 6. Se siente como si fuera una celebridad. – el talento, el destino, la suerte*

6b. Indique a sus alumnos que ahora tendrán que analizar las frases de la actividad **6a**, en las que se expresan comparaciones hipotéticas con el conector *como si*. Pídales que vuelvan a leer las frases y la explicación de *Mi gramática*, y que después marquen ahí la opción correcta. Resuelva con la contribución de algún voluntario.
Solución: *imperfecto de subjuntivo; pluscuamperfecto de subjuntivo*

6c. Mantenga las parejas de antes o forme otras nuevas para expresar comparaciones hipotéticas. Pídales que se pongan de pie y que se

MIRANDO HACIA ADELANTE

coloquen de forma que tengan espacio para moverse. Explíqueles que por turnos formularán instrucciones para realizar distintas acciones, haciendo una comparación hipotética a partir de la idea que aparece entre paréntesis. El compañero realizará la acción con mímica. Mientras interactúan sus alumnos, pase por las mesas y anímelos a moverse e interpretar las acciones de forma convincente y sobre todo, ¡divertida!
Solución: *1. ¡Canta como si **fueras** un/a cantante de ópera!; 2. ¡Explica un tema de la unidad como si **fueras** el/la profesor/a!; 3. ¡Baila como si **fueras** un bailador o una bailadora de flamenco!; 4. ¡Anda como si te **hubieras convertido** en un pingüino!; 5. ¡Muévete como si **tuvieras** un bebé en brazos!; 6. ¡Levántate como si te **hubieras despertado** demasiado tarde!; 7. ¡Tócate la barriga como si **hubieras comido** demasiado!*
Sugerencia: Antes de empezar, escriba un ejemplo en la pizarra, ya que, por motivos de espacio, en el libro no hay ninguna muestra de lengua en esta actividad:

> ¡Habla en italiano como si (haber nacido en Roma)! → ¡Habla en italiano como si **hubieras nacido** en Roma!

Variación: Forme grupos grandes, pídales que formen un círculo y dele una pelota a cada grupo. Empieza un alumno formulando una de las instrucciones del ejercicio en voz alta y lanzando la pelota a uno de los compañeros del grupo. Este recogerá la pelota y realizará la acción. Después le toca a él: dirá otra instrucción y lanzará la pelota a otro compañero, y así sucesivamente con el resto de las frases y las acciones. Anímelos a trabajar de manera desenfadada y a ponerle mucho humor a la actividad.
Sugerencia: Este tipo de actividades en movimiento y de carácter lúdico favorecen enormemente el aprendizaje porque despiertan la atención del alumno y crean "grupo" en clase. Además, en movimiento se liberan endorfinas, adrenalina y otras hormonas que influyen postivamente en el estado de ánimo. Sobre el **enfoque lúdico** consulte la página 12 de esta Guía.

6d. Organice la clase en dos o tres grupos para que puedan hacer una cadena de intervenciones. Pídales que lean las situaciones de las cajitas. A continuación pregúnteles cómo se sintieron la primera vez que estuvieron en esas situaciones e indíqueles que lo cuenten con comparaciones hipotéticas. Lea el ejemplo en voz alta para todos y déjeles que expliquen uno tras otro cómo fue. Siga la actividad con interés e intervenga solo en caso de que alguien no sepa qué decir y se interrumpa la cadena. En ese caso, participe activamente y dé algún ejemplo de su propia cosecha. No es necesaria una puesta en común.
Solución: *abierta*

¡Consolidamos! Nuestro negocio

Objetivos:
repasar los contenidos de esta unidad – crear un proyecto de negocio a partir de las habilidades del grupo y presentarlo en clase

Tarea:

a. Forme grupos. Explíqueles la finalidad de la tarea: crear un proyecto para un negocio a partir de sus habilidades. Para ello, pídales en primer lugar que hagan una lista de todas las habilidades que tienen, es decir, que anoten qué saben hacer y qué se les da bien a cada miembro del grupo. Sugiérales que lean la muestra de lengua antes de empezar.
Solución: *abierta*
Sugerencia: Normalmente, los estudiantes son bastante modestos y no les gusta hablar en público de lo que saben hacer bien. Por ese motivo, y en una situación como esta, en la que los alumnos están aprendiendo un idioma, seguramente les resultará difícil ser "vanidosos". Para animarlos a perder la timidez, empiece usted hablando de sus habilidades, y escriba en la pizarra lo que sabe hacer bien. Léalo de forma expresiva y algo exagerada, recurra al humor, para que se den cuenta de que se trata tan solo de una actividad de clase en la que "está permitido" ser vanidoso.

b. Dirija la atención de sus alumnos a las fotos. En ellas se presentan distintos objetos con los que se pueden crear cosas nuevas. Pídales que elijan uno y que piensen qué productos y qué negocio podrían desarrollar teniendo en cuenta las habilidades que tienen los miembros del grupo y que han apuntado en **a**. Sugiérales que lean la muestra de lengua antes de empezar.
Solución: *abierta*

c. Pídales que desarrollen la idea para su negocio. Remítalos al ejemplo del margen para que tengan una guía con la que orientarse. Además, aconséjeles que lean la muestra de lengua. Una vez desarrollado por escrito el proyecto del negocio, invite a cada grupo a que lo presente en la clase.
Solución: *abierta*

MIRANDO HACIA ADELANTE **12**

Tendiendo puentes

Objetivos:
repasar los contenidos de todas las páginas de Tendiendo puentes – ejercitar la competencia visual – ejercitar la comprensión lectora – ejercitar la interacción oral

a. En esta última página de la Unidad 12 tendrán ocasión de recordar las páginas de cultura del libro. Para empezar, pídales que se fijen en las fotos y que intenten recordar a qué temas de *Tendiendo puentes* se refieren, y si se acuerdan de algún dato, información o detalle de esas páginas. Sugiérales que primero hablen en parejas y después haga una puesta en común con toda la clase.
Solución posible: *1. En la primera foto se ve la situación de unas personas que se saludan cuando van de visita a la casa de alguien. En ese "Tendiendo puentes" se presentaban dos situaciones de bienvenida en una casa en Colombia y en España.; 2. En la foto 2 se ve la ciudad de Madrid. Creo que en la unidad 9 se habló de algunas frases célebres relacionadas con ciudades. En el caso de Madrid, creo que se mencionó "De Madrid al cielo".; 3. En la foto 3 aparecen dos personas que intentan entenderse a pesar de las diferencias. Creo que este tema apareció en la unidad 3.; 4. En la foto 4 aparece una chica jugando al hockey sobre hierba. En la lección 6 se habló del equipo de hockey hierba que es muy famoso en Argentina: Las Leonas.; 5. En la foto 5 aparece la Piedra del Sol de los aztecas. La foto pertenece a la página en la que se hablaba de la felicidad en el mundo de los aztecas.; 6. En la foto 6 se ve a dos personas que se quieren y que se dan la mano. Creo que pertenece a la página "Palabras de amor" de la unidad 8.; 7. En esta foto aparece la mezquita de Córdoba. La foto apareció en la unidad 10, en la que se hablaba de la historia de algunas palabras del español y de palabras de origen árabe.*

b. Divida a sus alumnos en tres grupos: A, B y C. Pídales que cada grupo elija una página de cultura de *Impresiones B2*: el grupo A elegirá una página del primer bloque, unidades 1–4; el grupo B, del segundo, unidades 5–8; el grupo C, del tercer bloque, unidades 8–11. Después indíqueles que lean la página elegida y que busquen en ella ejemplos según los criterios que aparecen en las cajas. Anímelos a que se pongan de acuerdo y negocien interaccionando con sus compañeros. Al final, presentarán los resultados en la clase.
Solución: *abierta*

c. Abra el debate con toda la clase a partir de la pregunta *¿Qué página de cultura le ha IMPRESIONADO más?*. Invítelos a que participen exponiendo su opinión y justificando su elección.
Solución: *abierta*

P3 Panorama 3

Cinco gana

Objetivo:
repasar de manera lúdica los contenidos de las unidades 9 a 12

¿Cómo se juega?
Forme parejas. Cada jugador necesitará un bolígrafo o un lápiz. El objetivo es lograr "ocupar" cinco casillas seguidas de forma horizontal, vertical o diagonal. Para ello, por turnos cada jugador elige una de las casillas al azar y resuelve la tarea propuesta. En caso de responder correctamente, anota su nombre en la línea de la casilla.

Solución: 1. p. ej.: la emigración de los jóvenes, las pocas inversiones; 2. la gente no emigraría a las ciudades; 3. Si pudiera elegir, yo viviría en Nueva York.; 4. p. ej.: Berlín es la ciudad que tiene más población en Alemania.; Es la tercera ciudad más visitada de la Unión Europea.; Tiene una superficie de 891,69 km^2.; 5. Los ríos se llenarán de deshechos a menos que se tomen medidas pronto.; 6. p. ej.: <u>a favor:</u> El aire es más limpio en el campo que en la ciudad y también hay más zonas verdes; <u>en contra:</u> En el campo la gente es más tradicional y hay menos transporte; 7. p. ej.: La llegada a la Luna, la caída del Muro de Berlín, la Segunda Guerra Mundial; 8. p. ej.: Una persona luchadora es alguien que defiende sus derechos.; Una persona valiente es alguien que no tiene miedo.; 9. La escuela fue construida por mi abuelo en los años 70.; 10. p. ej.: Yo me habría ido al extranjero y habría buscado trabajo allí.; 11. p. ej.: ... habría extendido su imperio incluso hasta las fronteras de China.; 12. p. ej.: No comeríamos tomates, patatas, cacao o maíz.; 13. p. ej.: Me quejo en la taquilla y enseño el resguardo de compra.; 14. Hacer que alguien no pueda disfrutar de una fiesta o de una actividad. Fastidiarlo; 15. p. ej.: Perdone, pero tengo que hacer una reclamación.; 16. p. ej.: Vale, de acuerdo, pero espero que no vuelva a pasar.; 17. "El paquete llegará el sábado. Se lo aseguramos".; 18. Me dijeron que me pusiera en contacto con el servicio al cliente.; 19. Hace dos días Javier me aconsejó que me quejara.; 20. p. ej.: No tener coche.; 21. p. ej.: Puedes cultivar verdura.; 22. <u>dos ventajas:</u> es bueno para el medioambiente, se gasta menos; <u>dos desventajas:</u> no podemos comprar todo lo que nos guste, no tenemos comodidades; 23. p. ej.: Para mí la creatividad es buscar soluciones a los problemas.; 24. p. ej.: A mí se me dan muy bien las manualidades y los idiomas. Pero soy negada para el esquí o el tango.; 25. p. ej.: Toca la flauta como si no hubiera hecho otra cosa en su vida.

PANORAMA 3

1. La red de Paradores española

Objetivo:
prepararse para la lectura de forma estratégica buscando previamente información sobre el tema en Internet – compartir información en clase

Proponga a sus alumnos que de forma individual se preparen para la lectura del artículo sobre los paradores en España recogiendo información en Internet. En concreto, pídales que busquen y anoten el significado de la palabra "parador" en este contexto y que describan lo que es y qué características tiene. Conocer el tema mejor les ayudará a entender el artículo más fácilmente, tal y como se explica en la *Estrategia* junto a la actividad. Después, haga una puesta en común para que sus alumnos intercambien la información conseguida.
Solución: *abierta*
Sugerencia: Si va a realizar esta fase de preparación el mismo día que la fase de lectura y explotación del artículo de la actividad **2**, planifique al menos un cuarto de hora para que sus alumnos busquen información en Internet. En caso de que en su centro no haya Internet o sus alumnos no dispongan de un dispositivo con acceso a la red, consulte previamente la página web oficial de los Paradores de Turismo y lleve a la clase algunos materiales para repartir entre sus alumnos. Puede utilizar también la *Información* a continuación. Otra opción a considerar sería dejar la preparación y búsqueda de información como "deberes" para casa. **Solución:** *abierta*
Información:
El *DLE* define **parador de turismo** así: "En España, cierto tipo de establecimiento hotelero dependiente de organismos oficiales". La palabra *parador* viene de *parar*, con el significado de "quedarse en un lugar", y en España era sinómino de *posada* o *mesón*.

2. Leemos

Objetivos:
ejercitar la compresión lectora – dar a conocer información detallada sobre los Paradores de turismo

2a. Pida a sus alumnos que lean en silencio y de forma individual el artículo. Antes de empezar dirija su atención a las frases 1–3 e indíqueles que el objetivo de la lectura será averiguar si las frases son verdaderas o falsas. Deles tiempo para leer y después invítelos a que comparen las soluciones con un compañero antes de resolver en el pleno.
Solución: *1– v; 2 – f; 3 – v*

2b. Ahora sus alumnos tendrán que volver a leer el artículo con la finalidad de aprender palabras nuevas relacionadas con la red de paradores, pero esta vez realizarán una lectura selectiva, subrayando solamente esas palabras. Para ello, sugiérales que lean el texto "por encima", estrategia que se presentó en *Impresiones A2, Panorama 1 ¡A leer!*. Sobre la **comprensión lectora** mire también la página 15 de esta Guía. Al final, haga una puesta en común con las palabras que propongan sus alumnos relacionadas con la red de paradores.
Solución posible: *turismo, conservación de patrimonio, castillos, monasterios, palacios, alcázares, despoblación, puestos de trabajo, entornos naturales, turismo exclusivo de montaña, turismo que busca lo autóctono y el entorno único, el piorno, micología, jornadas gastronómicas en torno a las setas, observación del cielo, urbanitas*

3 Escribimos

Objetivos:
ejercitar la expresión escrita elaborando un artículo breve – presentar el artículo en la clase – ejercitar la interacción oral

Forme grupos. Explíqueles que tendrán que escribir juntos un artículo breve sobre un lugar o lugares especiales en los que se han alojado alguna vez o que conocen. Cuando hayan terminado, invite a cada grupo a que presente su artículo en clase. Durante las presentaciones, anime al resto de los grupos a que escuchen atentamente. Al final, haga una puesta en común preguntándoles si conocían los lugares presentados.
Solución: *abierta*
Sugerencia: Antes de empezar, trabaje con sus alumnos las pautas para escribir un texto expositivo de forma colaborativa. Para ello mire la página 15 de esta Guía sobre la **producción escrita**.

PANORAMA 3

1 La economía circular

Objetivos:
preparar el tema de la audición mediando con un compañero la información de un gráfico – aplicar estrategias de anticipación de contenidos y conocimientos previos – ejercitar la interacción oral

1a. Forme parejas. Explíqueles que en esta página se hablará de la economía circular como modelo alternativo a la economía lineal, y que, a fin de prepararse para el tema de la audición posterior, primero compartirán información con el compañero en esta actividad. El alumno A trabajará en la página 115 y le describirá al alumno B lo que es la economía lineal con ayuda del gráfico y de las palabras de las cajas. Después, el alumno B hará lo mismo pero sobre la economía circular y utilizando el gráfico y las palabras de las cajas de la página 178. Deles unos minutos para que lean las palabras y observen los gráficos, cada uno en su página, y después invítelos a que interactúen, explicando en qué consisten estos dos modelos de economía. Durante la actividad, pase por las mesas y observe cómo trabajan sus alumnos, pero en este momento todavía no es necesaria una puesta en común.
Solución posible: <u>Economía lineal:</u> *En un primer paso se extrae la materia prima, después se fabrica algo con ella. Los productos fabricados se usan y después se tiran. Normalmente no se reciclan o reutilizan.;* <u>Economía circular:</u> *En la economía circular los productos que se extraen o se fabrican a partir de la materia prima se usan pero después no se tiran, sino que se reciclan o reutilizan entrando de nuevo en la cadena productiva.*

1b. Pida ahora a sus alumnos que con la información recibida se expliquen mutuamente qué diferencias hay entre los dos modelos de economía. Después del trabajo en parejas, haga una puesta en común para que todos los alumnos que lo deseen participen hablando del tema.
Solución posible: *Yo creo que la mayor diferencia es que la economía circular es consciente de que los recursos energéticos son limitados y además respeta el medioambiente. Es una economía sostenible. En un tipo de economía circular los objetos fabricados no van a la basura, como en la economía lineal, sino que tienen una segunda vida.*

2 Todo oídos

Objetivos:
ejercitar la comprensión oral

2a. Realice la actividad como se sugiere en el libro. Sugiérales que marquen en sus notas de **1b** aquello que escuchan y que después lo comparen con un compañero. Al final, resuelva la actividad con la ayuda de algún voluntario.
Solución: *abierta*

2b. Ahora se realizará una segunda escucha, con el objetivo de entender más detalles de la entrevista. Pida que primero lean las preguntas y que contesten mientras escuchan. Después de la audición, planifique algo de tiempo para que tomen notas y comparen con un compañero. Por último, resuelva o invite a algunos alumnos a que lo hagan.
Solución: *1. El reciclaje forma parte de la economía circular pero solo en parte, porque muchos productos todavía no se puedan reciclar. Además, reciclar no lo es todo, hay que pensar en la reutilización de productos.; 2. Los objetivos principales son consumir y producir menos. Además de pensar en la conservación del medioambiente y en la reducción de la basura.; 3. Estas empresas basan su negocio en darle una segunda vida a los objetos. Por ejemplo, hay empresas que reutilizan neumáticos de coches para fabricar suelas de zapato.; 4. En primer lugar, reutilizar o reparar las cosas que se rompen y no tirarlas. Por ejemplo, una lavadora o unos calcetines. Es necesario repensar nuestra manera de consumir energía en casa, etc.*

3 Hablamos

Objetivo:
ejercitar la interacción oral

Forme grupos e infórmeles de que ahora darán su opinión personal sobre la economía circular de forma crítica. Diríjales al cuadro de la actividad, en el que se presentan algunos puntos que pueden tener en cuenta en su discusión. Deles algo de tiempo para pensar y prepararse, antes de invitarlos a empezar con el intercambio de opiniones.
Solución: *abierta*
Sugerencia: Para ayudar a sus alumnos a estructurar mejor una argumentación, puede repartirle a cada uno un ejemplar de la **ficha fotocopiable 2** de la página 74 de esta Guía.

PANORAMA 3

Nuestra infografía

Objetivos:
elaborar una infografía – ejercitar la interacción oral negociando con los compañeros y colaborando entre sí – presentar las infografías en la clase – opinar sobre las infografías de los demás

Tarea:
Actividad previa: Explique a sus alumnos que en las páginas *¡A colaborar!* tendrán ocasión de hacer un proyecto colaborativo en grupos. En esta página *¡A colaborar!* del *Panorama 3*, podrán elaborar una infografía sobre un tema tratado en las unidades 9 a 12 de *Impresiones B2*.

a. Empiece preguntando a todos los alumnos de la clase qué temas de las unidades 9 a 12 les han parecido más interesantes y anote en la pizarra los temas que mencionen. Antes de empezar, pídales que lean la muestra de lengua para que se hagan una idea de la tarea.
Solución: *abierta*

b. Forme grupos. A partir de los temas mencionados en la actividad anterior, pídales que hagan una infografía en papel o de forma digital. Lea primero con ellos los pasos que se presentan en el ejercicio para hacer una buena infografía. Remítalos asimismo al ejemplo que aparece abajo a la derecha, y, después, aclare preguntas y déjelos trabajar.
Solución: *abierta*
Sugerencia: Recuérdeles que tienen un ejemplo de infografía en la página 84 de su manual *Impresiones B2*.

c. Cada grupo presenta su infografía al resto de la clase. Mientras tanto, los demás escuchan activamente, porque después tendrán que valorarlas, diciendo cuál les parece más completa e interesante. Si quieren añadir más datos o detalles a las infografías de los otros grupos, podrán hacerlo también al final.
Solución: *abierta*
Actividad adicional: Si sus alumnos han hecho las infografías en papel, cuélguelas al final en la clase y elógielos por el trabajo realizado.

Ficha fotocopiable 4

Unidad 10, actividad 6b

Nuestras ucronías: cuestionario de valoración

Ucronía del Grupo 1
A. ¿Qué idea de la historia alternativa de este grupo…
1. te ha gustado más?
2. te parece más posible o "creíble"?
3. más original o sorprendente?

B. ¿Qué frases o partes de esta historia…
1. has entendido mejor?
2. te parecen mejor escritas?
3. quieres recordar para tener como ejemplo?

Ucronía del Grupo 2
A. ¿Qué idea de la historia alternativa de este grupo…
1. te ha gustado más?
2. te parece más posible o "creíble"?
3. más original o sorprendente?

B. ¿Qué frases o partes de esta historia…
1. has entendido mejor?
2. te parecen mejor escritas?
3. quieres recordar para tener como ejemplo?